COURS
DE THÈMES GRECS.

PREMIÈRE PARTIE.

Corrigés des Thèmes.

On trouve à la même librairie :

Premiers Principes de la Grammaire grecque, à l'usage des classes élémentaires, extraits de la Méthode pour étudier la Langue grecque par *J. L. Burnouf*; 1 vol. in-8°.

Questionnaire sur l'Abrégé de la Grammaire grecque de J. L. Burnouf, par *A. M.*; in-8°.

Exercices élémentaires sur l'Abrégé de la Grammaire grecque de J. L. Burnouf, Petit Cours de Thèmes et de Versions, adapté à chaque règle de la Grammaire et accompagné de vocabulaires spéciaux, par *M. Lemeignan*, professeur agrégé au lycée Louis-le-Grand; in-8°.

Méthode pour étudier la Langue grecque, par *J. L. Burnouf*; ouvrage adopté et prescrit par le Conseil de l'Instruction publique; 1 vol. in-8°.

Questionnaire sur la Grammaire grecque de J. L. Burnouf, par *A. V.*; in-8°.

Cours complet et gradué de Thèmes grecs, adapté à la Grammaire grecque de J. L. Burnouf, par *M. E. P. M. Longueville*; ouvrage autorisé par le Conseil de l'Instruction publique; in-8°.

Première Partie, contenant des Thèmes gradués sur les déclinaisons et les conjugaisons, suivis d'Exercices généraux de traduction et d'un Lexique français-grec : neuvième édition; 1 vol. in-8°.

Deuxième Partie, contenant des Thèmes sur la syntaxe générale, suivis d'Exercices généraux de traduction et d'un Lexique français-grec : cinquième édition; 1 vol. in-8°.

Troisième Partie, contenant des Thèmes sur la syntaxe particulière et les dialectes, suivis d'Exercices généraux de traduction et d'un Lexique français-grec; 1 vol. in-8°.

Cours complet et gradué de Versions grecques, adapté à la Grammaire grecque de J. L. Burnouf, par *M. A. Bedel*; ouvrage autorisé par le Conseil de l'Instruction publique; in-8°.

Première et Deuxième Parties, contenant des Versions graduées sur les déclinaisons et les conjugaisons, et la syntaxe générale, avec Lexique grec-français : quatrième édition; 1 vol. in-8°.

Troisième Partie, contenant le complément des Versions sur la syntaxe générale et particulière, avec Lexique grec-français; 1 vol. in-8°.

Premiers Principes de la Grammaire latine, à l'usage des classes élémentaires, extraits de la Méthode pour étudier la Langue latine par *J. L. Burnouf*; ouvrage adopté par le Conseil de l'Instruction publique; 1 vol. in-8°.

Questionnaire sur l'Abrégé de la Grammaire latine de J. L. Burnouf, par *J. G.*; in-8°.

Exercices élémentaires sur l'Abrégé de la Grammaire latine de J. L. Burnouf; Petit Cours de Thèmes et de Versions, adapté à chaque règle de la Grammaire et accompagné de vocabulaires spéciaux, par *M. E. L. Frémont*, ancien chef d'institution à Paris : cinquième édition; 1 vol. in-8°.

Méthode pour étudier la Langue latine, par *J. L. Burnouf*; ouvrage adopté et prescrit par le Conseil de l'Instruction publique; 1 vol. in-8°.

Questionnaire sur la Grammaire latine de J. L. Burnouf, par *J. G.*; in-8°.

Cours complet et gradué de Thèmes latins, adapté à la Grammaire latine de J. L. Burnouf, par *M. Geoffroy*, ancien professeur agrégé de l'Université; in-8°.

Première Partie, contenant des Thèmes gradués sur les déclinaisons, les conjugaisons, les prépositions, le supplément et la syntaxe générale : troisième édition; 1 vol. in-8°.

Deuxième Partie, contenant des Thèmes gradués sur la syntaxe particulière et les gallicismes : deuxième édition; 1 vol. in-8°.

Cours complet et gradué de Versions latines, adapté à la Grammaire latine de J. L. Burnouf, par *M. Vérien*, professeur au lycée Napoléon; in-8°.

Première et Deuxième Parties, contenant une série graduée de Versions extraites d'auteurs de bonne latinité : deuxième édition; 1 vol. in-8°.

COURS COMPLET ET GRADUÉ
DE THÈMES GRECS

ADAPTÉS A LA MÉTHODE DE M. BURNOUF.

PREMIÈRE PARTIE

CONTENANT DES THÈMES GRADUÉS SUR LES DÉCLINAISONS
ET LES CONJUGAISONS, SUIVIS D'EXERCICES GÉNÉRAUX DE TRADUCTION,
TIRÉS DE L'ABRÉGÉ DE L'HISTOIRE ROMAINE D'EUTROPE

PAR E. M. LONGUEVILLE.

NOUVELLE ÉDITION.

Corrigés des Thèmes.

PARIS.
IMPRIMERIE ET LIBRAIRIE CLASSIQUES
DE JULES DELALAIN
IMPRIMEUR DE L'UNIVERSITÉ
RUE DES ÉCOLES, VIS-A-VIS DE LA SORBONNE.

M DCCC LX.

(C.)

COURS
DE THÈMES GRECS.
PREMIÈRE PARTIE.

NOMS SUBSTANTIFS.

THÈMES SUR LA PREMIÈRE DÉCLINAISON.

Noms féminins en -η, gén. -ης; *en* -α, gén. -ας;
et masculins en -ης *et en* -ας, gén. -ου.

(Méthode, §§ 15, 16.)

THÈME 1.

I. Ἄνθρωπός ἐστι παίγνιον τύχης.

II. Φίλος ἐστὶ καταφυγὴ δυστυχίας, ἀπορίας παραμύθιον, ἄκος ταλαιπωρίας.

III. Πολλάκις βραχεῖα ἡδονὴ μακρὰν τίκτει λύπην.

IV. Φίλει παιδείαν, σωφροσύνην, ἀλήθειαν, οἰκονομίαν, τέχνην, εὐσέβειαν.

V. Τὴν Ἠλείων ὁ Φειδίας Ἀφροδίτην ἐποίησε χελώνην πατοῦσαν, οἰκουρίας σύμβολον ταῖς γυναιξὶ καὶ σιωπῆς.

VI. Ὡς συμπόσιον χωρὶς ὁμιλίας, οὕτως πλοῦτος χωρὶς ἀρετῆς οὐδὲν ἡδονῆς ἔχει.

VII. Οὐδεὶς μετ' ὀργῆς ἀσφαλῶς βουλεύεται.

VIII. Ἡ παιδεία φέρει πρὸς ἀρετὴν καὶ εὐδαιμονίαν.

THÈME 2.

I. Αἱ κτήσεις τῆς ἀρετῆς μόναι βέβαιαί εἰσιν.

II. Ἡ παιδεία ἐν μὲν ταῖς εὐτυχίαις κόσμος ἐστὶν, ἐν δὲ ταῖς ἀτυχίαις καταφυγή.

III. Πασῶν τῶν ἀρετῶν ἡγεμών ἐστιν ἡ εὐσέβεια.

IV. Προςήκει τοῖς ἀθληταῖς τὸ σῶμα ἀεὶ γυμνάζειν.

V. Κλεινότατον ἦν ἐν Ὀλυμπίᾳ ἄγαλμα Διὸς, Φειδίου ἔργον.

VI. Μετὰ τὸν Αἰνείου θάνατον, Ἀσκάνιος τὴν βασιλείαν παρέλαβε.

VII. Ὁ Λῖνος παῖς ἦν Ἑρμοῦ καὶ μούσης Οὐρανίας.

VIII. Χρύσης ὁ ἱερεὺς ἐλίσσετο μάλιστα δύω Ἀτρείδα.

Noms contractes, masculins en -έας -ῆς, gén. -έου -οῦ ; *et féminins en* -έα -ῆ, gén. -ῆς ; *en* -άα -ᾶ, gén. -άας, -ᾶς.

(Méthode, §§ 15, 16.)

THÈME.

I. Ἡ μουσικὴ Ἀθηνᾶς ἐστιν εὕρημα.

II. Ἰουλιανὸς ὁ αὐτοκράτωρ ἐγκώμιον τῆς συκῆς ἔγραψε. — Ὅμηρος καὶ τὴν συκῆν ἐπαινεῖ. — Ἦν γλυκεραὶ συκαῖ ἐν τοῖς τοῦ Ἀλκινόου κήποις. — Οἱ Πέρσαι συκῆν οὐκ εἶχον.

III. Οἱ Ἀθηναῖοι τιμὴν ἦγον Ἑρμῇ ψιθυριστῇ.

IV. Τὸ τάλαντον τὸ Βαβυλώνιον δύο καὶ ἑβδομήκοντα μνᾶς Ἀττικὰς δύναται.

V. Ἦσαν λίθινοι Ἑρμαῖ ἐν τῇ τῶν Ἀθηναίων πόλει.

VI. Ἡ τῶν Ἑρμῶν περικοπὴ Ἀλκιβιάδῃ κρίσις ἀσεβείας ἐγένετο.

VII. Ὠρείθυια ὑπὸ Βορέου ἡρπάσθη.

Noms masculins en -ας, gén. -α ; *en* -ης, gén. -ου, voc. -α.

(Méthode; Supplément, § 176.)

THÈME 1.

I. Νουμᾶς Πίστεως καὶ Τέρμονος ἱερὸν ἱδρύσατο.

II. Ἡ νέα Καρχηδὼν κτίσμα ἐστὶν Ἀσδρούβα, τοῦ δεξαμένου Βάρκαν, τὸν Ἀννίβα πατέρα.

III. Ὑγιείας ἄγαλμα ἐν Τεγέᾳ ἔργον ἦν Σκόπα τοῦ τεχνίτου.

IV. Ἐπὶ Ἀλεύα ἡ Θεσσαλία διῄρητο εἰς τέσσαρας μορίας.

V. Ὀρόντης ὁ προδότης εἰσήχθη εἰς τὴν τοῦ Πέρσου Ἀρταπάτα σκηνὴν, καὶ ἀπεσφάγη.

THÈME 2.

I. Ἱδρῶτά σου, ἀρότα φιλόπονε, ὁ Θεὸς ὀνίνησι.

II. Ὦ ταμία τῆς ἀδικίας, μισῶ τὸν πλοῦτόν σου.

III. Οὐ τῶν βιβλίων κτῆσις, βιβλιοπῶλα, ἀλλὰ χρῆσις παιδείας ὄργανόν ἐστιν.

IV. Ἡ τέχνη σου, γεωμέτρα, τὴν γῆν καὶ τὸν οὐρανὸν περιέχει.

V. Δέσποτα, μὴ δούλευσον τοῖς πάθεσι.

VI. Στρατιῶτα, δόξης ἐξ ἀνδρείας τεύξῃ.

VII. Ὑβριστὰ, ἐχθρὸς εἶ Θεῷ καὶ τοῖς ἀνθρώποις.

VIII. Ἡ τέχνη σου, παιδοτρίβα, τῆς ὑγιείας καὶ τῆς εὐρωστίας ἐστὶ πηγή.

IX. Οἵαις δυστυχίαις, Ὀρέστα, ὢν μητραλοίας, περιεζεύχθης!

THÈMES SUR LA DEUXIÈME DÉCLINAISON.

Noms masculins et fém. en -ος, *et neut. en* -ον, gén. -ου.

(Méthode, § 17.)

THÈME 1.

I. Ὁ θυμὸς ἀλόγιστός ἐστιν.

II. Ὁ πλοῦτος θνητὸς, ἡ δόξα ἀθάνατος.

III. Ὁ λόγος τῆς ψυχῆς εἴδωλόν ἐστιν.

IV. Ἡ Αἴγυπτος δῶρόν ἐστι τοῦ Νείλου.

V. Μὴ κατόκνει μακρὰν ὁδὸν πορεύεσθαι πρὸς τοὺς διδάσκειν τι χρήσιμον ἐπαγγελλομένους.

VI. Οἱ Ἡρακλέους ἔκγονοι κατῆλθον εἰς τὴν Πελοπόννησον.

VII. Ὁ ἀδόλεσχος πανταχοῦ, ἐν ἀγορᾷ, ἐν θεάτρῳ, ἐν περιπάτῳ, καθ' ἡμέραν καὶ νύκτωρ ληρεῖ.

VIII. Ἄνθρωπε, θνητὸς ὢν, μὴ μέγα φρόνει.

THÈME 2.

I. Οἱ Αἰγύπτιοι τὸν ἥλιον καὶ τὴν σελήνην θεοὺς εἶναι λέγουσιν.

II. Ὁ Ἄρης μισεῖ τοὺς κακούς.

III. Οἱ Πυγμαῖοι ταῖς γεράνοις πολεμοῦσιν.

IV. Ζητητέον τοῖς τέκνοις διδασκάλους, οἳ βίοις εἰσὶν ἀδιάβλητοι, καὶ τοῖς τρόποις ἀνεπίληπτοι, καὶ ταῖς ἐμπειρίαις ἄριστοι.

V. Οἱ Λακεδαιμόνιοι καὶ οἱ σύμμαχοι τὴν τῶν Ἀθηναίων ἡγεμονίαν κατέπαυσαν.

VI. Θεόφραστος ἔφη τοὺς μοχθηροὺς τῶν ἀνθρώπων ἐπὶ τοῖς ἰδίοις ἀγαθοῖς οὐχ οὕτως ἥδεσθαι, ὡς ἐπὶ τοῖς ἀλλοτρίοις κακοῖς.

NOMS CONTRACTES DE LA DEUXIÈME DÉCLINAISON.

Noms masculins en -οος -ους, *et neut. en* -εον -ουν.

(Méthode, § 17, et Supplément, § 178.)

THÈME 1.

I. Πολλάκις ἀνθρώπων ὀργὴ νόον ἐξεκάλυψε κρυπτόμενον.

II. Κάτοπτρον εἴδους χαλκός ἐστι, οἶνος δὲ νοῦ.

III. Ἀνδρὸς οἶνος ἔδειξε νόον.

IV. Νεῦρα καὶ ὀστᾶ τοῦ ἀνθρώπου φθαρτά εἰσι, νοῦς δὲ ἀθάνατος.

V. Τοὺς Κόλχους, Ἰάσονος εἰς Αἶαν τὸν πλοῦν καὶ τοὺς περὶ Κίρκης τε καὶ Μηδείας μύθους ᾔδει Ὅμηρος.

VI. Νῆσος Κέρκυρα παράπλου ἐξ Ἑλλάδος ἐπὶ Σικελίαν καὶ Ἰταλίαν καλῶς ἔκειτο.

THÈME 2.

I. Οἱ Ἀθηναῖοι ἐν τῷ ἐπὶ Σικελίαν παράπλῳ παρασκευὰς μεγάλας ἐποιήσαντο.

II. Φίλῳ πιστῷ Πειρίθῳ Θησεὺς ἐχρῆτο.

III. Οἱ Ἰνδοὶ φλοῦν ἐκ τῶν ποταμῶν ἀμῶσι, καὶ τὸ ἐντεῦθεν τρόπον φορμοῦ καταπλέξαντες, ὡς θώρακα ἐνδύουσι.

IV. Τοσοῦτον σκολιός ἐστι ῥοῦς τοῦ Μαιάνδρου ποταμοῦ, ὥςτε πάντα τὰ σκολιὰ ἐξ ἐκείνου καλεῖσθαι.

THÈME 3.

I. Ὁ Ζεῦξις ἐποίησεν ἱπποκένταυρον, ἀνατρέφουσαν παιδίω ἱπποκενταύρω διδύμω, κομιδῇ νηπίω.

II. Ἡ ὀργὴ καὶ ἡ ἀσυνεσία, δύω μεγίστω κακὼ, πολλοὺς ἀπώλεσαν.

III. Ὁ Θεὸς ἀδελφὼ ἐποίησεν ἐπὶ τῇ ἀλλήλων ὠφελείᾳ.

IV. Φρόνησις καὶ ὑγίεια δύο μεγίστω τοῦ βίου ἀγαθώ εἰσι.

V. Περικλῆς ἔγραψε μὴ εἶναι Ἀθηναῖον, ὃς μὴ γέγονεν ἐξ ἀμφοῖν ἀστοῖν.

NOMS DÉCLINÉS ATTIQUEMENT.

Noms masculins en -ως, *et neutres en* -ων ; gén. -ω.

(Méthode, § 18, et Supplément, § 179.)

THÈME.

I. Οἱ τὰ ἄκρα τοῦ Ἄθω ἐνοικοῦντες μακροβιώτατοι εἶναι λέγονται.

II. Πτολεμαῖος ὁ Φιλοπάτωρ κατεσκεύασεν Ὁμήρῳ νεών.

III. Αἱροῦνται οἱ λαγῴ ὑπὸ ἀλωπέκων, τοτὲ μὲν δρόμῳ, τοτὲ δὲ τέχνῃ.

IV. Ἐν τῇ Σάμῳ τῇ Ἥρᾳ πλείστους ταὼς ἔτρεφον, καὶ ἐπὶ τοῦ νομίσματος τῶν Σαμίων ταὼς ἦν.

V. Εὔφορβος ἐπ' Ἰλίῳ ὑπὸ Μενέλεω ἀπέθανε.

VI. Πρὸς τὴν ἕω ᾤκουν οἱ Ἰνδοί.

THÈMES SUR LA TROISIÈME DÉCLINAISON.

Gén. sing. -ος.

(Méthode, §§ 19-21.)

THÈME 1.

I. Ἡ τυραννὶς ἀδικίας μήτηρ ἔφυ.

II. Ὁ δειλὸς τῆς πατρίδος προδότης ἐστίν.

III. Πολλὰ τοῖς ἀνθρώποις παρὰ τὴν ἐλπίδα ἐγένοντο.

IV. Ὁ ἐλέφας τὸν δράκοντα ὀῤῥωδεῖ.

V. Ἀτρεὺς καὶ Θυέστης υἱοὶ ἦσαν Πέλοπι.

VI. Φὼρ φῶρα καὶ λύκος λύκον γιγνώσκει.

THÈME 2.

I. Οἱ ἀγαθοὶ ἄνδρες Θεοῦ εἰκόνες εἰσίν.

II. Τὴν Ἰταλίαν ᾤκησαν πρῶτοι Αὔσονες αὐτόχθονες.

III. Ἅπαντες οἱ λέοντές εἰσιν ἄλκιμοι.

IV. Σταγόνες ὕδατος πέτρας κοιλαίνουσιν.

V. Οἱ Φοίνικες τῷ Ἡρακλεῖ ὄρτυγας ἔθυον.

VI. Οἱ πέρδικες ἐν τῇ Ἀττικῇ εὔφωνοι, οἱ δὲ ἐν Βοιωτίᾳ ἰσχνόφωνοι ἦσαν.

VII. Ἡ παροιμία λέγει παλίμπαιδας τοὺς γέροντας γίγνεσθαι.

VIII. Παλαιὸς μῦθος λέγει τοὺς Μυρμιδόνας ἐκ μυρμήκων ἄνδρας γεγονέναι.

IX. Δεῖ τὴν αἰδῶ, καὶ τὴν φιλοτιμίαν τοῖς τέκνοις ὡς μύωπα καὶ χαλινὸν τοῖς ἵπποις προςεζεῦχθαι.

THÈME 3.

I. Οἱ νομάδες τῶν Λιβύων οὐ ταῖς ἡμέραις, ἀλλὰ ταῖς νυξὶν ἀριθμοῦσι.

II. Περίανδρος ἐρωτηθεὶς τί μέγιστον ἐν ἐλαχίστῳ, εἶπε· « Φρένες ἀγαθαὶ ἐν σώματι ἀνθρώπου. »

III. Γνώμη κρείσσων ἐστὶν ἢ ῥώμη χειρῶν.

IV. Εὐωδία καὶ μύρον γυψὶν αἰτία θανάτου.

V. Οἱ κόλακες τοῖς κόραξιν ἐοίκασι· τὰ τῶν ἐκθηρευθέντων ὄμματα λυμαίνονται.

VI. Ἡ τῶν ἁλῶν χρῆσις καὶ ἐν ταῖς σπονδαῖς ἦν.

VII. Πολέμων ὁ σοφιστὴς, τῶν ἄρθρων αὐτῷ λιθιώντων, ἐπιστέλλων Ἡρώδῃ ὑπὲρ ταύτης τῆς νόσου, ὧδε ἐπέστειλε· « Δεῖ ἐσθίειν, οὐκ ἔχω χεῖρας· δεῖ βαδίζειν, οὐκ εἰσί μοι πόδες· δεῖ ἀλγεῖν, τότε μοι πόδες καὶ χεῖρές εἰσι. »

THÈME 4.

I. Ταλθύβιός τε καὶ Εὐρυβάτης κήρυκε καὶ ὀτρηρὼ θεράποντε Ἀγαμέμνονος ἤστην.

II. Ἥφαιστος τὼ πόδε χωλὸς ἦν.

III. Ἡ Μήδεια γράφεται τὼ παῖδε δεινὸν ὑποβλέπουσα· ἔχει δὲ ξίφος ἐν χερσί· τὼ δὲ ἀθλίω καθῆστον γελῶντε, μηδὲν τῶν μελλόντων εἰδότε, καὶ ταῦτα ὁρῶντε τὸ ξίφος ἐν ταῖν χεροῖν τῆς μητρός.

THEME 5.

I. Ζεῦ βασιλεῦ, τὸ μὲν ἐσθλὸν ἡμῖν δίδου καὶ εὐχομένοις καὶ ἀνεύκτοις, τὰ δὲ δεινὰ καὶ εὐχομένοις ἀπάλεξε.

II. Ὦ παῖ, ἕπου ταῖς τῶν πρεσβυτέρων ἐπαγγελίαις.

III. Μάντι κακῶν, Κάλχα, ἐκέλευσας θύειν Ἰφιγένειαν.

IV. Ὦ Πόσειδον, ἵλεως ἴσθι τοῖς ναύταις.

V. Ὦ Θεὸς παγκρατὲς, δαῖμον, πάτερ καὶ κτίστορ τοῦ παντὸς, ἀρχικέραυνε, χαῖρε· τὸ σὸν κράτος ἀεὶ καθυμνήσω· οὐ γάρ τι ἔργον ἐπὶ χθονὶ δίχα σοῦ γίγνεται.

VI. Ὦ πλοῦτε καὶ τυραννὶ, ὅσος φθόνος παρ' ὑμῖν φυλάσσεται!

VII. Γανύμηδες, τί σε τὸ κάλλος πρὸς τὴν σωφροσύνην ὀνήσει;

VIII. Ὦ Σώκρατες, τὸν θάνατον ἔπαθες παρανόμως.

IX. Διογενὲς Αἶαν, σῶτερ τῶν Ἀχαιῶν, ποσάκις τὰς τῶν Τρώων φάλαγγας ἔρρηξας!

X. Ὦ ἄνα, Λητοῦς καὶ Διὸς υἱὲ, οὔποτε σοῦ λήσεται ὁ ποιητὴς ἀρχόμενος.

NOMS CONTRACTES DE LA TROISIÈME DÉCLINAISON.

Terminaisons -ης, *masc. et fém.*; -ος, *neutre*; gén. -εος -ους.

(Méthode, § 22, et Supplément, § 181.)

THÈME 1.

I. Ἀμαζόνες ἐφόρουν χιτῶνας ποδήρεις.

II. Ἤθους βάσανός ἐστιν ἀνθρώποις χρόνος.

III. Διογένης κατέλαβέ ποτε Δημοσθένην τὸν ῥήτορα ἐν πανδοχείῳ ἀριστῶντα· τοῦ δ' ὑποχωροῦντος, « Τοσούτῳ, ἔφη, μᾶλλον ἔσῃ ἐν τῷ πανδοχείῳ. »

IV. Ἐν Βοιωτίᾳ δύο εἰσὶν ἐπίσημα ὄρη, τὸ μὲν Ἑλικὼν καλούμενον, ἕτερον δὲ Κιθαιρών.

V. Ὁ Νεῖλος ἔχει παντοῖα γένη ἰχθύων.

VI. Δημήτριος ὁ Πολιορκητὴς βίᾳ ᾕρει τὰς πόλεις κατασείων τὰ τείχη, Τιμόθεος δὲ πείθων.

VII. Ὡς ἔργον εὖ ζῆν ἐν πονηροῖς ἤθεσιν!

VIII. Πλάτων καὶ Ξενοφῶν ἀπολογίαν ὑπὲρ Σωκράτους ἐγραψάτην.

IX. Αἱ τριήρεις ἐν Κορίνθῳ πρῶτον Ἑλλάδος ἐναυπηγήθησαν.

X. Δημοσθένης Φιλίππῳ ὑπέστη· Δημοσθένους ὁ βίος πένης μὲν ἦν, μεγάλη δὲ ἡ παῤῥησία. Δημοσθένει, πολλῶν διδομένων, οὐδὲν, οὔτε πλῆθος οὔτε κάλλος, ἐφάνη προδοσίας ἄξιον. Ἀλέξανδρος ἐζήτει Δημοσθένην· ἀδίκως τε ἀπέθανες, ὦ Δημόσθενες.

THÈME 2.

I. Περικλῆς υἱὸς ἦν Νεοκλέους τοῦ Ἀθηναίου.

II. Ἰσοκράτης πρὸς Νικοκλῆ τὸν Κύπριον τύραννον παραινετικὸν λόγον ἔγραψε.

III. Θεμιστοκλεῖ μετὰ ναυμαχίαν ἐπὶ Σαλαμῖνι πάντες Ἕλληνες τὰ ἀριστεῖα ἀπέδοσαν.

IV. Ὦ Καλλίκλεις, ἕκαστός τις ἴδιον πάθος ἔχει.

Terminaison -ις, gén. -εως.

(Méthode, § 23.)

THÈME.

I. Ἡ φύσις ἄνευ μαθήσεως τυφλὸν, ἡ δὲ μάθησις ἄνευ φύσεως ἐλλιπές.

II. Πόλεως ψυχὴ οἱ νόμοι.

III. Ἀρίστιππος ἔφη πρὸς τὸν ἀδελφόν· « Μέμνησο ὅτι τῆς μὲν διαστάσεως σὺ ἦρξω, τῆς δὲ διαλύσεως ἐγώ. »

IV. Ἤθη πονηρὰ τὴν φύσιν διαστρέφει.

V. Παρὰ τὰς πέντε αἰσθήσεις, ὄψιν, ἀκοὴν, ὄσφρησιν, γεῦσιν, ἁφὴν, οὐκ ἔστιν ἕτερα.

VI. Ἡ μετάνοια τὰς πράξεις παραλόγους παρέπεται.

Terminaison -εύς, gén. -έως.

(Méthode, § 24, et Supplément, § 182.)

THEME 1.

I. Ἡ ὕδραυλίς ἐστιν εὕρημα Κτησιβίου Ἀλεξανδρέως, κουρέως τὴν τέχνην.

II. Διεσπάσαντο τὸν Πενθέα αἱ Μαινάδες, καὶ αἱ Θρᾷτται τὸν Ὀρφέα.

III. Ἡ τύχη ἔοικε φαύλῳ βραβεῖ· πολλάκις γὰρ τὸν μηδὲν πράξαντα στεφανοῖ.

IV. Τοῖς συγγραφέσι ἀναγκαῖόν ἐστι μὴ ψεύδεσθαι· δεῖ δὲ, οἶμαι, τοὺς συγγραφεῖς ἐν τοῖς ἀγνοήμασι τυγχάνειν συγγνώμης, ὡς ἀνθρώπους ὄντας.

V. Ἐπιεικῶς λάλον ἐστὶ τὸ τῶν κουρέων γένος. Ἀδολέσχου δὲ κουρέως ἐρωτήσαντος Ἀρχέλαον· « Πῶς σε κείρω, βασιλεῦ; — Σιωπῶν, » ἔφη.

VI. Βούλου γονεῖς πρὸ παντὸς ἐν τιμαῖς ἔχειν.

VII. Πολύγνωτος ὁ Θάσιος, καὶ Διονύσιος ὁ Κολοφώνιος γραφέε ἤστην.

VIII. Οἱ Σικελικοὶ νομεῖς σύριγγας εἶχον.

IX. Οἱ Δωριεῖς τὴν Πελοπόννησον σὺν τοῖς Ἡρακλείδαις ἔσχον ὀγδοηκοστῷ ἔτει μετὰ τὴν Ἰλίου ἅλωσιν.

THÈME 2.

I. Λύσανδρος μετὰ τὴν ἐν τοῖς Αἰγὸς ποταμοῖς νίκην πρὸς τὸν λιμένα Πειραιέα στόλῳ ὡρμίσατο.

II. Ἦν θέατρα καὶ ἐν Ἄστει καὶ ἐν τῷ Πειραιεῖ.

III. Οἱ Ἀθηναῖοι εὐάγγελια τοὺς ἀγυιέας κνισσᾷν εἰώθεσαν.

IV. Οἱ πολιορκούμενοι Δία τὸν πολιέα ἐπεκαλοῦντο.

V. Οἱ Ἀθηναῖοι ἐν τῇ ἐπὶ Μαραθῶνι μάχῃ Πλαταιεῖς μόνους συμμάχους εἶχον.

Terminaisons -υς *et* -υ.

(Méthode, § 25, 26.)

THÈME.

I. Τὸ μῆκος τῆς κιϐωτοῦ τοῦ Νῶε ἦν τριακοσίων πήχεων.

II. Οἱ ἱερεῖς Αἰγύπτιοι ἔφασαν τοῦ ἀνδριάντος Ὀσυμανδύου τὸν πόδα μετρούμενον ὑπερϐάλλειν τοὺς ἑπτὰ πήχεις.

III. Ὁ πάπυρος φύεται οὐκ ἐν βάθει τοῦ ὕδατος, ἀλλ' ὅσον ἐν δύο πήχεσι, μῆκος δὲ οὐχ ὑπὲρ δέκα πήχεις.

IV. Οἱ πολύποδες ἐλλοχῶσι τοὺς ἰχθῦς.

V. Ἀνάχαρσις τὴν ἄμπελον εἶπε τρεῖς φέρειν βότρυς· τὸν πρῶτον, ἡδονῆς· τὸν δεύτερον, μέθης· τὸν τρίτον, ἀηδίας.

VI. Οἱ κυνηγοὶ τὸν ὗν ἄγριον ἁλίσκουσιν ἄρκυσι καὶ κυσὶ χρώμενοι.

VII. Γλαῦκος ὑπάρχων ἔτι νήπιος, μῦν διώκων, εἰς πίθον μέλιτος ἔπεσε.

Terminaisons -ώς *et* -ώ, *gén.* -όος, *contr.* -οῦς.

(Méthode, § 27.)

THÈME.

I. Ἀπόλλων, ὁ Διὸς καὶ Λητοῦς παῖς, ὅτε τὸν Πύθωνα κατετόξευσεν, ἦλθεν εἰς Δελφούς, καὶ παρέλαϐε τὸ μαντεῖον τῆς Γῆς.

II. Αἰδοῦς παρὰ πᾶσιν ἄξιος ἔσῃ, ἐὰν πρῶτον ἄρξῃς σαυτὸν αἰδεῖσθαι.

III. Οὐκ ἔστι πειθοῦς ἱερὸν ἄλλο, πλὴν λόγος.

IV. Δημάδης εἶπε τὴν αἰδῶ τοῦ κάλλους ἀκρόπολιν εἶναι.

V. Ἱστοροῦσι τὴν ναῦν Ἀργὼ προσαγορευθῆναι ἀπὸ τοῦ τὸ σκάφος ἀρχιτεκτονήσαντος Ἄργου· καὶ οἱ ἐν τῇ Ἀργοῖ νηῒ πλέοντες προςηγορεύθησαν Ἀργοναῦται.

VI. Ἐν Κολχοῖς ἡ τοῦ Ἀργοῦς ἄγκυρα ἐδείκνυτο.

VII. Μήτε ἐν τοῖς κακοῖς, μήτε ἐν τῇ εὐεστοῖ ξύνοικος εἴην τῷ τῶν ἀσεβῶν γένει.

Terminaison -ας, gén. ατος, αος, ως.

(Méthode, § 28.)

THÈME.

I. Οἱ ἄφρονες τῶν βροτῶν τῷ γήρᾳ ἀγανακτοῦσι.

II. Ὥςπερ τὸ φθινόπωρόν ἐστιν ἐπὶ τῷ τοῦ ἐνιαυτοῦ πέρᾳ, οὕτω καὶ τὸ γῆρας ἐπὶ τῷ τοῦ βίου· ἔστι δὲ καὶ τοῦ γήρως ἐπικαρπία νοῦς καὶ σωφροσύνη.

III. Τῶν ταύρων καὶ τῶν θηλείων βοῶν τὰ κέρα διαφέρει.

IV. Οἱ ἔλαφοι μόνοι τὰ κέρα βάλλουσι.

V. Κλέαρχος μὲν ἐν τῇ ἐπὶ Κουνάξῃ μάχῃ τοῦ στρατεύματος τοῦ δεξιοῦ κέρως ἡγήσατο, Μένων δὲ τοῦ εὐωνύμου.

VI. Οἱ Παδαῖοι, Ἰνδικὸν ἔθνος, ὠμοῦ κρέως ἐδεσταί εἰσι.

VII. Οἱ κείμενοι ἀστέρες ἐπὶ τοῖς τοῦ Ταύρου κέρασι Ὑάδες καλοῦνται.

VIII. Οἱ ἐν ταῖς μάχαις ἀριστεύοντες Ἕλληνες γέρα ἐλάγχανον.

IX. Ἡρακλῆς λέγεται ἐν δέπᾳ εἰς Ἐρύθειαν πορευθῆναι.

Terminaison -ηρ.

(Méthode, § 29.)

THÈME.

I. Παιδὸς, οὐκ ἀνδρὸς, τὸ ἀμέτρως ἐπιθυμεῖν.

II. Πατρὸς ἐπιτίμησις ἡδὺ φάρμακον.

III. Ὅτε ἑάλω τὸ Ἴλιον, ὁ Αἰνείας τοὺς πατρῴους θεοὺς βαστάσας ἔφερεν, ὑπεριδὼν τῶν ἄλλων· ἡσθέντες οὖν ἐπὶ τῇ τοῦ ἀνδρὸς εὐσεβείᾳ οἱ Ἕλληνες, καὶ δεύτερον αὐτῷ κτῆμα συνεχώρησαν λαβεῖν. Ὁ δὲ τὸν πατέρα πάνυ σφόδρα γεγηρακότα ἀναθέμενος τοῖς ὤμοις ἔφερεν.

IV. Οἱ Λύκιοι καλοῦσιν ἀπὸ τῶν μητέρων ἑαυτοὺς, καὶ οὐχὶ ἀπὸ τῶν πατέρων, γενεαλογοῦντες δὲ τῆς μητρὸς ἀναμνῶνται τὰς μητέρας.

V. Ἐκρίθη τῶν μὲν ἀνδρῶν ἄριστος Πόπλιος Νασικᾶς, τῶν δὲ γυναικῶν Οὐαλερία.

VI. Ὁ Σκιπίων ὁ Αἰμιλίου κατασκευὴν πολλῶν οὖσαν ταλάντων ἐδωρήσατο τῇ μητρί. Μετὰ ταῦτα ταῖς Σκιπίωνος τοῦ μεγάλου θυγατράσι τὰς φερνὰς οὗτος εὐθέως ἁπάσας ἀπέλυσεν. Ἐν τοῖς ἀνδράσι καὶ ἐν ταῖς γυναιξὶ καθ' ὅλην τὴν πόλιν περιβόητος ἦν ἡ μεγαλοψυχία τοῦ νεανίσκου.

VII. Λύκιοι τὰς γυναῖκας μᾶλλον ἢ τοὺς ἄνδρας τιμῶσι, καὶ κληρονομίας ταῖς θυγατράσι λείπουσιν, οὐ τοῖς υἱοῖς.

VIII. Ἐν Βυάοις Λίβυσιν ἀνὴρ μὲν ἀνδρῶν βασιλεύει, γυνὴ δὲ γυναικῶν.

IX. Ζήλου τὸν ἐσθλὸν ἄνδρα καὶ τὸν σώφρονα.

X. Ἐσθλῷ ἀνδρὶ ἐσθλὰ καὶ διδοῖ Θεός.

XI. Ὑμεῖς, ὦ πάτερ καὶ μῆτερ, ἡμῖν καὶ θεοί ἐστε.

XII. Χαλεπόν ἐστι λέγειν πρὸς γαστέρα ὦτα οὐκ ἔχουσαν.

THÈMES DE RÉCAPITULATION

Sur toutes les déclinaisons et sur la plupart des formes rares ou exceptionnelles, indiquées dans le *Supplément de la Méthode,* § 176 et suivants.

THÈME 1.

I. Κολάζονται ἐν ᾅδου πάντες οἱ κακοὶ, βασιλεῖς, δοῦλοι, σατράπαι, πένητες, πλούσιοι, πτωχοί.

II. Ἀκρίσιος τὴν ἑαυτοῦ θυγατέρα Δανάην μετὰ τοῦ παιδὸς

Περσέως ἐν λάρνακι εἰς θάλασσαν ἔῤῥιψεν· ἡ δὲ λάρναξ προςηνέχθη Σερίφῳ τῇ νήσῳ.

III. Ἀγαθοκλέους ἐκλελοιπότος, πάντα ἐν Σικελίᾳ μεστὰ ἦν στάσεως καὶ ἀναρχίας.

IV. Ὥςπερ οἱ ἐν εὐδίᾳ πλέοντες, καὶ τὰ πρὸς τὸν χειμῶνα ἔχουσιν ἕτοιμα· οὕτως οἱ ἐν εὐτυχίαις φρονοῦντες καὶ τὰ πρὸς τὴν ἀτυχίαν ἑτοιμάζουσι βοηθήματα.

V. Οἱ τέττιγες σιτοῦνται τῆς δρόσου.

THÈME 2.

I. Αἰακὸς τὰς κλεῖς τοῦ ᾅδου φυλάττει.

II. Ἐγένετο κατὰ τοὺς Τιβερίου χρόνους ἀνήρ τις Ἀπίκιος, ἀφ' οὗ πλακούντων γένη πολλὰ Ἀπίκια ὀνομάζεται.

III. Οἱ ὄφεις τὸν ἰὸν ἐν τοῖς ὀδοῦσιν ἔχουσι.

IV. Ἐξῆν καὶ τῷ Ἀχιλλεῖ ζῆν καὶ βασιλεύειν τῶν Μυρμιδόνων, καὶ τῷ Νέστορι ἐν Πύλῳ ἐν εἰρήνῃ ἄρχειν, καὶ τῷ Ὀδυσσεῖ οἴκοι μένειν, ἢ παρὰ Καλυψοῖ ἐν ἄντρῳ καταῤῥύτῳ καὶ κατασκίῳ, ἀγήρῳ ὄντι καὶ ἀθανάτῳ· ἀλλ' οὐχ εἵλετο ἀθάνατος εἶναι, ἀργὸς ὤν, καὶ μηδὲν χρώμενος τῇ ἀρετῇ.

V. Ἄργος ὁ πανόπτης ὀφθαλμοὺς εἶχεν ἐν παντὶ τῷ σώματι.

THÈME 3.

I. Ἡρακλῆς τῇ χολῇ τῆς Λερναίας ὕδρας τοὺς ὀϊστοὺς ἔβαψε.

II. Ποθεῖ ἄνθρωπος νύκτα μεθ' ἥλιον, καὶ λιμὸν μετὰ κόρον, καὶ δίψαν μετὰ μέθην· κἂν ἀφέλῃς αὐτοῦ τὴν μεταβολήν, λύπην τὴν ἡδονὴν ποιεῖς.

III. Ἡρακλῆς ἔλαβε παρὰ Ἑρμοῦ μὲν ξίφος, παρ' Ἀπόλλωνος δὲ τόξα, παρὰ Ἡφαίστου δὲ θώρακα χρυσοῦν, παρὰ δὲ Ἀθηνᾶς πέπλον.

IV. Ὦ Ζεῦ, καὶ Ἀθηνᾶ, καὶ Ἄπολλον, δότε μοι ἀρετὴν ψυχῆς, καὶ ἡσυχίαν βίου, καὶ ζωὴν ἄμεμπτον, καὶ εὔελπιν θάνατον.

V. Λέγεται ἐπακολουθῆσαι χῆνα Λακύδῃ τῷ φιλοσόφῳ, καὶ ταὼν παρθένῳ, καὶ δελφῖνα παιδί.

THÈME 4.

I. Ξέρξου ἐν Ἑλλάδι πολεμοῦντος, ἡ αὐτοῦ μήτηρ ἐδόκει ἐν ὀνείροις ἰδεῖν δύο γυναῖκε, μεγέθει πολὺ ἐκπρεπεστάτα, κάλλει ἀμώμω, καὶ κασιγνήτα τοῦ αὐτοῦ γένους, Ἀσίαν καὶ Ἑλλάδα.

II. Φίλιππος γενόμενος κριτὴς δυεῖν πονηροῖν, ἐκέλευσε τὸν μὲν φεύγειν ἐκ Μακεδονίας, τὸν δὲ ἕτερον διώκειν.

III. Αἱ Φόρκου θυγατέρες γραῖαι ἦσαν ἐκ γενετῆς, ἕνα τε ὀφθαλμὸν καὶ ἕνα ὀδόντα εἶχον, τρεῖς οὖσαι, καὶ ταῦτα παρὰ μέρος ἀλλήλαις ὤπασαν.

IV. Κλεάνθης εἰς ὄστρακα καὶ βοῶν ὠμοπλάτας ἔγραφεν ἅπερ ἤκουε παρὰ τοῦ Ζήνωνος, ἀπορίᾳ κερμάτων, ὥςτε ὠνήσασθαι χαρτία.

THÈME 5.

I. Θεὸς ἑκάστῳ ὅπλον τι ἔνειμε, λέουσιν ἀλκὴν καὶ ταχυτῆτα, ταύροις κέρατα, μελίσσαις κέντρα, ἀνδρὶ λόγον καὶ σοφίαν.

II. Χείρων ὁ Κένταυρος τὸν Ἀχιλλέα, παῖδα ἔτι ὄντα, ἔτρεφε σπλάγχνοις λεόντων καὶ συῶν ἀγρίων, καὶ ἄρκτων μυελοῖς, καὶ καρτερὸν ἔθηκε καὶ ποδώκη.

III. Ζήνων ἔφη δεῖν τὰς πόλεις κοσμεῖν οὐκ ἀναθήμασιν, ἀλλὰ ταῖς τῶν οἰκούντων ἀρεταῖς.

IV. Ἡ τῶν βροτῶν φύσις καὶ νόσων ἥττων καὶ γήρως, καὶ ἡ μοῖρα ἀπαραίτητος.

V. Μίλων ὁ Κροτωνιάτης ἤσθιε μνᾶς κρεῶν εἴκοσι, καὶ τοσαύτας ἄρτων, οἴνου τε τρεῖς χόας ἔπινεν. Ἐν δὲ Ὀλυμπίᾳ ποτὲ βοῦν ἀναθέμενος τοῖς ὤμοις, τοῦτον περιήνεγκε δι᾽ ὅλης κοῦφα πανηγύρεως· μετὰ ταῦτα, εἰς κρέα δαιτρεύσας μόνος αὐτὸν κατέφαγε πάντα ἐν μιᾷ ἡμέρᾳ.

THÈME 6.

I. Ἡρόδωρος, ὁ Μεγαρεὺς σαλπιγκτὴς, ἐγένετο τὸ μὲν μέγεθος πηχῶν τριῶν καὶ ἡμίσους· ἦν δὲ καὶ τὰς πλευρὰς ἰσχυρός· ἤσθιε δὲ ἄρτων μὲν χοίνικας ἕξ, κρεῶν δὲ λίτρας εἴκοσιν· ἔπινε δὲ χόας δύο· καὶ ἐσάλπιζεν ἅμα σάλπιγξι δυσί.

II. Ἀρκεσίλαος ἑστιῶν τινας, καὶ ἐλλιπόντων τῶν ἄρτων, νεύσαντος τοῦ παιδὸς, ὡς οὐκ ἔτ' εἰσὶν, ἀνακαγχάσας καὶ τὼ χεῖρε συγκροτήσας· « Οἷόν τι, ἔφη, τὸ συμπόσιόν ἐστιν ἡμῶν, ἄνδρες φίλοι! ἄρτους ἐπιλελήσμεθα ἀρκοῦντας πρίασθαι· τρέχε δὴ, παῖ. »

III. Αἱ Καρχηδονίων γυναῖκες ἐκείραντο τὰς κεφαλὰς, καὶ ταῖς θριξὶν ἐντεῖναι τὰς μηχανὰς παρέσχον ὑπὲρ τῆς πατρίδος.

IV. Νέρων τὸ γενεῖον ὅτε πρῶτον ἐξύρατο, τὰς τρίχας ἐς σφαιρίον τι χρυσοῦν ἐμβαλὼν, ἀνέθηκε τῷ Διῒ τῷ Καπιτωλίνῳ.

V. Γύναι, γυναιξὶ κόσμον ἡ σιγὴ φέρει.

THÈME 7.

I. Οἱ Ἕλληνες Ἀπόλλω ὡς τοξικῆς, ἰατρικῆς τε καὶ μαντικῆς εὑρετὴν ἐτίμων.

II. Ἀχιλλέα μέγιστον τῶν Ἀχαιῶν ἥρω καλεῖ Ὅμηρος.

III. Οἱ παλαιοὶ Ποσειδῶ τὴν γῆν σείειν ἐνόμιζον καὶ ἡγοῦντο τοὺς σεισμοὺς τοῦ Ποσειδῶνος ἔργον.

IV. Οἱ Ἕλληνες εὐχὰς ἐποιοῦντο μετ' ἐγκωμίων περὶ θεοὺς, δαίμονάς τε καὶ ἥρως.

V. Ζωΐλος τὴν κεφαλὴν ἐν χρῷ ἐκέκαρτο.

VI. Οἱ θεοὶ ἀθάνατοι ἀρετὴν καμάτῳ καὶ ἱδρῷ ὤπασαν.

VII. Τὸν ἐν εὐεστοῖ φίλῳ τελευτήσαντα βίον χρὴ ὀλβίσαι.

ADJECTIFS.

THÈMES SUR LES ADJECTIFS PARISYLLABIQUES.

(Méthode, §§ 30-32.)

THÈME 1.

I. Κακῆς ἀπ' ἀρχῆς γίγνεται τέλος κακόν.

II. Οὐχ οὕτως τοῖς ὀρφανοῖς παισὶν, ὡς τοῖς ἀνοήτοις ἀνδράσιν, ἐπιτρόπων ἐστὶ χρεία.

III. Πένητας ἀργοὺς οὐ τρέφει ῥαθυμία.

IV. Πενία οὐ σμικρὰ νόσος.

V. Χρόνος δίκαιον ἄνδρα μηνύει ποτέ.

VI. Φύσιν πονηρὰν μεταβαλεῖν οὐ ῥᾴδιον.

VII. Ἡδοναὶ ἄκαιροι τίκτουσιν ἀηδίας.

VIII. Ἔργων πονηρῶν χεῖρ' ἐλευθέραν ἔχε.

IX. Ἐλευθέρου ἀνδρὸς ἀλήθειαν λέγειν.

X. Οἱ κόλακές εἰσιν φίλοις ὅμοιοι, ὥςπερ καὶ οἱ λύκοι κυσί.

THÈME 2.

I. Ἡ εὐχὴ τὸν Θεὸν ἵλεων ἔθηκε.

II. Οἱ θεοὶ παρ' Ὁμήρῳ ἀθάνατοί τε καὶ ἀγήρῳ ὑμνοῦνται.

III. Νικοκρέων ὁ Κύπριος τετράκερων ἔλαφον εἶχε.

IV. Ἔν τινι νεῴ Διὸς τρίκερω καὶ τετράκερω πρόβατα ἦν.

V. Τὰ τῶν Ἑλλήνων πράγματα ἀξιόχρεω ἀφηγήσεώς εἰσιν.

VI. Οἱ Σκύθαι λέγουσι τὸν ἀέρα ἀνάπλεω πτερῶν εἶναι, διότι τὰ παρ' αὐτοῖς ἀεὶ νίφεται.

VII. Ἔστι περὶ Θύανα ὕδωρ τι ὅρκιον Διός. Παφλάζει δὲ ὥςπερ ὁ θερμαινόμενος λέβης. Εὐόρκοις μὲν τοῦτο τὸ ὕδωρ ἐστὶν ἵλεών τε καὶ ἡδύ· ἐπιόρκοις δὲ παρὰ πόδας ἡ δίκη· ἀποσκήπτει γὰρ τὸ ὕδωρ καὶ εἰς ὀφθαλμοὺς καὶ εἰς χεῖρας καὶ εἰς πόδας.

THÈMES SUR LES ADJECTIFS IMPARISYLLABIQUES.

(Méthode, §§ 33-37, et Supplément, § 178.)

THÈME 1.

I. Ἐγγὺς Ἰταλίας κεῖται ἡ Σικελία, νῆσος εὐδαίμων καὶ πολυάνθρωπος.

II. Βραχεῖα τέρψις ἡδονῆς κακῆς.

III. Βραχὺς ὁ βίος, ἡ δὲ τέχνη μακρά.

IV. Κέρδος αἰσχρὸν, βαρὺ κειμήλιον.

V. Τὸ μέλλον ἀσαφές.

VI. Τυραννὶς χρῆμα σφαλερὸν, πολλοὶ δὲ αὐτῆς ἐρασταί εἰσιν.

VII. Ταὐτόν ἐστιν ἐκ χρυσοῦ ποτηρίου φάρμακον θανάσιμον πιεῖν, καὶ παρὰ φίλου ἀγνώμονος συμβουλίαν λαμβάνειν.

VIII. Ὥςπερ οὐκ ἂν ἐβούλου ἐν νηῒ μεγάλῃ καὶ γλαφυρᾷ καὶ πολυχρύσῳ πλέων βαπτίζεσθαι, οὕτω μηδὲ ἐν οἰκίᾳ αἱροῦ ὑπερμεγέθει καὶ πολυτελεῖ καθήμενος χειμάζεσθαι.

THÈME 2.

I. Οἱ πλούσιοι πολλάκις ὑφ' ἡδονῆς διηνεκοῦς οὐ συνίενται τῆς εὐτυχίας.

II. Ἐπαμινώνδας πατρὸς ἦν ἀφανοῦς.

III. Ὅμηρος τοῖς ἥρωσιν ἁπλῆν καὶ πᾶσιν ὁμοίαν δίαιταν ἀποδέδωκε.

IV. Διονύσιος ὁ τύραννος τὸ Ἀπόλλωνος ἄγαλμα περιεσύλησε, χρυσοῦς βοστρύχους ἔχον, καὶ τὴν παρακειμένην αὐτῷ χρυσῆν τράπεζαν ἀφεῖλε.

V. Σωκράτης ἰδὼν μειράκιον πλούσιον καὶ ἀπαίδευτον, « Ἰδοὺ, ἔφη, χρυσοῦν ἀνδράποδον. »

VI. Τὰ κεράμεια καὶ τὰ σιδηρᾶ κρείττω ἐστὶ τῶν ἀργυρῶν καὶ τῶν χρυσῶν, ὅτι τούτων εὐμαρεστέρα ἐστὶν ἡ κτῆσις.

VII. Ἡ γῆ σφαιροειδής ἐστι.

VIII. Δεῖ τοὺς μὲν εἶναι δυστυχεῖς, τοὺς δ' εὐτυχεῖς.

THÈME 3.

I. Τὰ ὄρη πόῤῥωθεν ἀεροειδῆ φαίνεται καὶ λεῖα, ἐγγύθεν δὲ τραχέα.

II. Οὐ κρεῖττον, πενιχρὸν μὲν, ἀσφαλῆ δὲ καὶ ἀδεᾶ βίον ἀσπάσασθαι, ἢ πλούσιον καὶ ἐπικίνδυνον.

III. Ἀριστοτέλης ἔφη τῆς παιδείας τὰς μὲν ῥίζας εἶναι πικρὰς, γλυκεῖς δὲ τοὺς καρπούς.

IV. Τρεῖς εἰσι δικασταὶ καθ' ᾅδου, οἳ τοὺς εὐσεβεῖς καὶ πονηροὺς διακρίνουσιν.

V. Ἡδὺ κάλλος, ὅταν ἔχῃ νοῦν σώφρονα.

VI. Πενία ἀγνώμονας πολλοὺς ποιεῖ.

VII. Τὸ συνεχὲς ἔργον παντὸς εὑρίσκει τέλος.

VIII. Μακρὸς αἰὼν συμφορὰς πολλὰς ἔχει.

IX. Οὔτε μάχαιραν ἀμβλεῖαν, οὔτε παῤῥησίαν ἄτακτον ἔχειν δεῖ.

X. Ἔθιζε σεαυτὸν σύννουν εἶναι.

XI. Λόγον μὲν ἔχε χαρίεντα, νοῦν δὲ ἁπλοῦν.

XII. Ὁ κάστωρ ζῶόν ἐστι τετράπουν, γιγνόμενον ἐν ταῖς λίμναις.

THÈMES

SUR LES COMPARATIFS ET LES SUPERLATIFS.

(Méthode, §§ 39, 40; Supplément, § 195-197.)

THÈME 1.

I. Σοφία πλούτου κτῆμα τιμιώτερον.

II. Βίων ἔφη δεῖν τὸν ἀγαθὸν ἄρχοντα, παυόμενον τῆς ἀρχῆς, μὴ πλουσιώτερον, ἀλλ' ἐνδοξότερον γεγονέναι.

III. Παρὰ Ταρτησσίοις νεωτέρῳ πρεσβυτέρου καταμαρτυρεῖν οὐκ ἔξεστιν.

IV. Οὐδὲν ὀργῆς ἀδικώτερον.

V. Ἀρετῆς οὐδὲν χρῆμα σεμνότερον, οὐδὲ βεβαιότερόν ἐστι.

VI. Δόξα ἀσθενὴς ἄγκυρα, πλοῦτος ἔτι ἀσθενεστέρα.

VII. Πόλεμος ἔνδοξος εἰρήνης αἰσχρᾶς αἱρετώτερος.

THÈME 2.

I. Κρείττους εἰσὶν αἱ τῶν πεπαιδευμένων ἐλπίδες, ἢ ὁ τῶν ἀμαθῶν πλοῦτος.

II. Τοῦ πλείονος βίου, φαυλοτέρου δὲ, τὸν ἐλάσσω, ἀμείνονα ὄντα, πάντη πάντως προαιροῦ.

III. Χαλεπὸν τὸ ποιεῖν, τὸ δὲ κελεῦσαι ῥᾴδιον.

IV. Οὐδὲν γλύκιον τῆς πατρίδος.

V. Οὐκ ἔστιν οὐδὲν μητρὸς ἥδιον τέκνοις.

VI. Χρὴ σιγᾷν, ἢ κρείσσονα σιγῆς λέγειν.

VII. Διὰ τοῦτο δύο ὦτα ἔχομεν, στόμα δὲ ἓν, ἵνα πλείω μὲν ἀκούωμεν, ἧττονα δὲ λέγωμεν.

VIII. Στέργε μὲν τὰ παρόντα, ζήτει δὲ τὰ βελτίω.

IX. Οἱ τῶν ἁγίων τελετῶν μετέχοντες περὶ τῆς τοῦ βίου τελευτῆς ἡδίους τὰς ἐλπίδας ἔχουσι.

THÈME 3.

I. Ὁ μέλας οἶνός ἐστι θρεπτικώτατος, ὁ δὲ λευκὸς, λεπτότατος.

II. Ἡ Βακτριανὴ χώρα εὐδαιμονεστάτη ἐστὶ καὶ εὐφορωτάτη.

III. Πρεσβύτατον τῶν ὄντων Θεὸς, ἀγέννητος γάρ· κάλλιστον κόσμος, ποίημα γὰρ Θεοῦ· μέγιστον τόπος, ἅπαντα γὰρ χωρεῖ· τάχιστον νοῦς, διὰ παντὸς γὰρ τρέχει· ἰσχυρότατον ἀνάγκη, κρατεῖ γὰρ πάντων· σοφώτατον χρόνος, ἀνευρίσκει γὰρ πάντα.

IV. Ὁ κροκόδειλος ἐξ ἐλαχίστου γίγνεται μέγιστος· τὸ μὲν γὰρ ᾠὸν οὐ μεῖζόν ἐστι χηνείου, αὐτὸς δὲ γίγνεται καὶ ἑπτακαιδεκάπηχυς.

V. Ὁ τῶν πλείστων βίος μελλησμῷ παραπόλλυται.

VI. Τὸ ἐπιτυγχάνειν ἥδιστον.

VII. Ὁ θάνατος κοινὸς καὶ τοῖς χειρίστοις καὶ τοῖς βελτίστοις, οὔτε τοὺς πονηροὺς ὑπερορᾷ, οὔτε τοὺς ἀγαθοὺς θαυμάζει.

THÈME 4.

I. Ἡ μέλιττα ἐν τοῖς ἄνθεσι δριμυτάτοις καὶ ταῖς ἀκάνθαις τραχυτάταις τὸ μέλι χρηστικότατον καὶ λειότατον φυσικῶς ἐξανευρίσκει.

II. Ἡ φιλία ἥδιστόν ἐστι πάντων.

III. Ὅπου γέροντες ἀναισχύντατοί εἰσιν, ἐνταῦθα ἀνάγκη νέους ἀναιδεστάτους γίγνεσθαι.

IV. Οὐχ ὁ μήκιστος, ἀλλ' ὁ σπουδαιότατος βίος ἄριστός ἐστιν.

V. Ὁ Φωκίωνος λόγος πλεῖστον νοῦν ἐν ἐλαχίστῃ λέξει εἶχε.

VI. Τὸ ἡττᾶσθαι αὐτὸν ὑφ' ἑαυτοῦ πάντων αἴσχιστόν ἐστι.

VII. Πάντα ἃ ἐπίστανται ῥᾷστά τε καὶ τάχιστα καὶ κάλλιστα ποιοῦσι.

THÈMES SUR LES NOMS DE NOMBRE.

NOMBRES CARDINAUX.

(Méthode, §§ 41, 42.)

THÈME 1.

I. Ἀνάχαρσις κρεῖττον ἔλεγεν ἕνα φίλον ἔχειν πολλοῦ ἄξιον, ἢ πολλοὺς μηδενὸς ἀξίους.

II. Πολλὰ τῶν ζώων ἄναιμά ἐστι, καθόλου δὲ, ὅσα πλείους πόδας ἔχει τεττάρων.

III. Ἡ μυῖα ἑξάπους οὖσα, τοῖς μὲν τέσσαρσι βαδίζει μόνοις, τοῖς δὲ προσθίοις δυσὶ ὡς χερσὶ χρῆται.

IV. Πύῤῥος ἐν Ἰταλίᾳ ἐπολέμησεν ἔτη δύο καὶ μῆνας τέσσαρας.

V. Φιλήμων ὁ κωμικὸς ἔγραψε δράματα ἑπτὰ καὶ ἐνενήκοντα, βιοὺς ἔτη ἐννέα καὶ ἐνενήκοντα.

VI. Ἄννων, ὁ πρεσβύτερος, ἐκ τῆς Λιβύης ἐπέρασε μεγάλην δύναμιν εἰς Σικελίαν, πεζῶν μυριάδας πέντε, ἱππεῖς δὲ ἑξακισχιλίους, ἐλέφαντας δὲ ἑξήκοντα.

VII. Τοὺς Σῆρας ἱστοροῦσι μέχρι τριακοσίων ζῆν ἐτῶν, καὶ τοὺς Χαλδαίους ὑπὲρ τὰ ἑκατὸν ἔτη βιοῦν λόγος.

THÈME 2.

I. Ἀργανθώνιος, ὁ Ταρτησσίων βασιλεὺς, πεντήκοντα καὶ ἑκατὸν ἔτη βιῶναι λέγεται.

II. Κτησίβιος συγγραφεὺς ἑκατὸν εἰκοσιτεσσάρων ἐτῶν ἐν περιπάτῳ ἐτελεύτησεν.

III. Ὁ Πλάτων ἐτελεύτησε τῷ πρώτῳ ἔτει τῆς ὀγδόης καὶ ἑκατοστῆς ὀλυμπιάδος, βιοὺς ἔτος ἓν πρὸς τοῖς ὀγδοήκοντα.

IV. Σιλουΐου ἑνὸς δέοντα τριάκοντα ἔτη κατασχόντος τὴν ἀρχὴν, Αἰνείας, υἱὸς αὐτοῦ, ἑνὶ πλείω τριάκοντα ἐτῶν ἐβασίλευσε· μετὰ δὲ τοῦτον, ἓν καὶ πεντήκοντα Λατῖνος ἦρξεν ἔτη. Ἄλβας δὲ μετὰ τοῦτον ἑνὸς δέοντα τετταράκοντα ἔτη ἐβασίλευσε· μετὰ δὲ Ἄλβαν, Κάπετος ἓξ ἐπὶ τοῖς εἴκοσιν· ἔπειτα Κάπυς, δυοῖν δέοντα τριάκοντα.

V. Οἱ Λακεδαιμόνιοι τοῖς Ἀθηναίοις βοηθήσοντες ἐν τρισὶν ἡμέραις καὶ τοσαύταις νυξὶ διακόσια καὶ χίλια στάδια διῆλθον.

THEME 3.

I. Ἡ τῆς Σικελίας περίμετρός ἐστιν ὡς τριακόσια καὶ ἑξήκοντα ἐπὶ τετρακισχιλίοις σταδίοις.

II. Ἀριθμὸς συμπάσης τῆς ὁδοῦ τῆς ἀναβάσεως καὶ τῆς καταβάσεως ὑπὸ Ξενοφῶντος συγγραφείσης, διακόσιοι πεντεκαίδεκα σταθμοί, ἑκατὸν πεντήκοντα πέντε χίλιαι παράσαγγαι, καὶ τρισμύρια τετρακισχίλια ἑξακόσια πεντήκοντα στάδια. Τὸ πλῆθος τοῦ χρόνου τῆς ἀναβάσεως καὶ τῆς καταβάσεως ἐνιαυτὸς καὶ τρεῖς μῆνες.

NOMBRES OU ADJECTIFS ORDINAUX.

(Méthode, § 43.)

THÈME.

I. Τὸ πρῶτον καὶ τὸ ἄριστον τῷ ἀνθρώπῳ ὑγιαίνειν ἐστί· τὸ δεύτερον ἔχειν καλὴν φυήν· τὸ τρίτον πλουτεῖν ἀδόλως· τὸ τέταρτον ἡβᾶν σὺν τοῖς φίλοις.

II. Περίανδρος Κορίνθιος, ὁ Κυψέλου, περὶ τὴν τριακοστὴν ὀγδόην ὀλυμπιάδα ἤκμαζε.

III. Ὁ Σωκράτης τὸν βίον ἐτελεύτησε πρώτῳ ἔτει τῆς ἐνενηκοστῆς πέμπτης ὀλυμπιάδος, γεγονὼς ἑβδομήκοντα ἔτη.

THÈMES

SUR LES ADJECTIFS INDICATIFS OU DÉMONSTRATIFS, LES ADJECTIFS CONJONCTIFS ET POSSESSIFS ET LES PRONOMS.

(Méthode, §§ 44-54.)

THÈME 1.

I. Δημήτριός τις εἶπε τῷ Νέρωνι· « Σὺ μὲν ἀπειλεῖς ἐμοὶ τὸν θάνατον, σοὶ δὲ ἡ φύσις. »

II. Διδύμων ἀδελφῶν εἷς ἐτελεύτησε· σχολαστικὸς οὖν ἀπαντήσας τῷ ζῶντι, ἠρώτα· « Σὺ ἀπέθανες ἢ ὁ ἀδελφός σου; »

III. Ἡμέτερος Θεός ἐστιν ἐν πᾶσιν ἔργοις αὐτοῦ μέγιστος. Τίς ἐστι Θεὸς, πλὴν τοῦ Θεοῦ ἡμῶν;

IV. Ἡμᾶς ὥςπερ τέκνα στέργει ὁ Θεὸς, καὶ τέκνα ἐσμὲν ὄντως αὐτοῦ, ἀλλ' ἡμῶν κακίας μισεῖ.

V. Παῖς σοφὸς πατέρα καὶ μητέρα σεβίζει, καὶ αὐτῶν ἁμαρτήματα ὑπομένει.

THÈME 2.

I. Τί τοῦτ' ἔστιν, ὦ παῖ, ὅτι ἐμὲ ἀπολιπὼν, ἄστυδε θαμίζεις; οὐκ ἔστι τοῦτο σωφρονεῖν· οὐχ οὕτω δέ σε ὁ πατήρ σου ἐμοὶ εἰς παιδείαν παρέδωκε.

II. Σχολαστικὸς ἀπορῶν δαπανημάτων, τὰ βιβλία αὐτοῦ ἐπίπρασκε, καὶ γράφων πρὸς τὸν πατέρα ἔλεγε· « Σύγχαιρε ἡμῖν, πάτερ· ἤδη γὰρ ἡμᾶς τὰ βιβλία τρέφει. »

III. Ἐν Λάτμῳ τῆς Καρίας σκορπίοι εἶναι λέγονται, οἳ τοὺς μὲν πολίτας σφίσι παίουσιν εἰς θάνατον, τοὺς δὲ ξένους ἡσυχῇ.

IV. Κορῶναι ἀλλήλαις εἰσὶ πιστόταται καὶ πάνυ σφόδρα ἀγαπῶσι σφᾶς.

V. Ὁ φίλος ἐστὶν ἕτερος ἐγώ· — μέθετέ με, ὦ φροντίδες· μηδὲν ἐμοὶ καὶ ὑμῖν ἔστω. — Οὐδεὶς ἡμῶν τὴν αὔριον ἡμέραν οἶδε.

VI. Οὐδὲν ἡμέτερόν ἐστιν οὕτως ὡς ἡμεῖς ἡμῶν αὐτῶν. — Οἱ φιλοσοφοῦντες μανθάνουσι ἑαυτοῖς ξυνεῖναι.

THEME 3.

I. Ἀνάχαρσις ὁ Σκύθης ἐρωτηθεὶς ὑπό τινος · « Τί ἐστι πολέμιον ἀνθρώποις; — Αὐτοὶ, ἔφη, ἑαυτοῖς. »

II. Ὁ Ζεὺς τὴν Ἀθηνᾶν ἔφυσεν ἐκ τῆς ἑαυτοῦ κεφαλῆς.

III. Οὐδεὶς ἐλεύθερος ἑαυτοῦ μὴ κρατῶν.

IV. Νόμος οὗτος Περσικός · ὅταν εἰς ἀγροὺς ἐλαύνῃ ὁ βασιλεὺς, πάντες Πέρσαι, κατὰ τὴν ἑαυτοῦ δύναμιν ἕκαστος, δῶρα αὐτῷ προςκομίζουσι.

V. Σχολαστικὸς οἰκίαν πωλῶν, λίθον ἀπ' αὐτῆς εἰς δεῖγμα περιέφερε.

VI. Ἀριστοτέλης λέγει τὸν κεντρέα, ὅταν φοβηθῇ, τὴν κεφαλὴν κρύπτειν, ὡς ὅλον τὸ σῶμα κρύπτοντα.

VII. Ἡ ἔχιδνα δὶς οὐ κυΐσκεται · τὰ γὰρ ἔμβρυα τὴν αὐτῆς κοιλίαν ἐσθίει.

VIII. Κριτὴς ὢν, ἀεὶ ταὐτὰ περὶ τῶν αὐτῶν γίγνωσκε, οὐδὲν πρὸς χάριν ποιῶν.

IX. Ψυχῆς ἐπιμελοῦ τῆς σεαυτοῦ.

X. Βούλου ἀρέσκειν πᾶσι, μὴ σαυτῷ μόνον.

XI. Πάντων μάλιστα σαυτὸν αἰσχύνου.

THEME 4.

I. Εἰς ἀρχὴν κατασταθεὶς, μηδενὶ χρῶ πρὸς τὴν διοίκησιν πονηρῷ.

II. Ποῖον κτῆμα οὕτω πάγχρηστον ὥςπερ φίλος;

III. Ἀντισθένης ἐρωτηθεὶς ὑπὸ τινὸς τί αὐτῷ ἐκ τῆς φιλοσοφίας γέγονε · « Τὸ δύνασθαι, ἔφη, ἑαυτῷ ὁμιλεῖν. »

IV. Οὐ ῥᾴδιον τίνων γονέων ἢ ποίας πατρίδος Ὅμηρος ἐγένετο ἀποφαίνεσθαι.

THÈME 5.

I. Ἀριστοτέλης φησὶν ἐν Φρυγίᾳ βοῦς εἶναι, οἳ τὰ κέρα κινοῦσι.

II. Πολλοὶ ἄνθρωποι πᾶσαν σπουδὴν περὶ τὴν χρημάτων κτῆσιν ποιοῦνται, μικρὰ δὲ φροντίζουσιν υἱέων οἷς ταῦτα καταλείψουσι.

III. Τὰς Συρακούσας Ἀρχίας ἔκτισε περὶ τοὺς αὐτοὺς χρόνους οἷς ἡ Νάξος καὶ τὰ Μέγαρα ᾠκίσθησαν.

IV. Ὅςτις δὶς ναυαγήσει μάτην Ποσειδῶνος μέμφεται.

V. Οὐδεὶς ἐλεύθερός ἐστιν ὅςτις μὴ σεαυτοῦ κρατεῖ.

VI. Οἱ υἱεῖς παῖδες ὄντες Πύῤῥον τὸν Ἠπειρώτην ἠρώτων τίνι τὴν βασιλείαν καταλείψει· καὶ ὁ Πύῤῥος εἶπεν· « Ὑμῶν ὃς ἂν ἔχῃ τὴν ὀξυτάτην μάχαιραν. »

VII. Ἀριστοτέλης λέγει πάντα τὰ χερσαῖα ἀναπνεῖν ἅτινα πνεύματος ἔχουσι, σφῆκας δὲ καὶ μελίσσας οὐκ ἀναπνεῖν.

VIII. Ἐν Σάρδεσι οἰκίαι αἱ μὲν πλείους καλάμιναι ἦσαν, ὅσαι δὲ καὶ πλίνθιναι ἦσαν, ὀροφὰς καλάμου εἶχον.

IX. Ὅσα μὲν τυγχάνει ὄντα χρήσιμα, ταῦτ' εἰσὶ χρήματα· ὅσα δὲ ἀχρεῖα, ταῦτ' οὐ χρήματα.

X. Ταῦτα ξύμπαντα ὅσα οἱ Ἕλληνες πρὸς ἀλλήλους καὶ τὸν βάρβαρον ἔπραξαν ἐν πεντήκοντα ἔτεσι μεταξὺ τῆς ἀναχωρήσεως τῆς τοῦ Ξέρξου καὶ τῆς ἀρχῆς τοῦ Πελοποννησιακοῦ πολέμου μάλιστα ἐγένετο.

VERBES.

THÈMES SUR LES VERBES EN Ω.

VOIX ACTIVE.

(Méthode, §§ 88, 89, 91, 93.)

THÈME 1.

I. Ὁ φθονέων ἑαυτὸν ὡς ἐχθρὸν λυπεῖ.
II. Ἀγαθοῖς ὁμίλει.
III. Θάρσος σὺν λόγῳ αἴνει, τὸ δὲ μετὰ ἀλογίας ὂν ἀποστύγει.
IV. Πολλοὶ δοκοῦντες ἑαυτοὺς φιλεῖν, οὐκ ἀληθῶς φιλοῦσιν.
V. Μηδενὶ φθόνει.
VI. Νόει, καὶ τότε πράττε.

THÈME 2.

I. Ἡ Φωκίωνος γυνὴ ἐρωτηθεῖσα διὰ τί μόνη τῶν ἄλλων οὐ φορεῖ χρυσοῦν κόσμον, ἔφη· « Ὅτι αὐτάρκης κόσμος μοί ἐστιν ἡ τοῦ ἀνδρὸς ἀρετή. »

II. Ἡ συνήθεια κόρον γεννᾷ· οἰκοῦντες γῆν, ζητοῦμεν θάλασσαν, καὶ πλέοντες πάλιν περισκοποῦμεν τὸν ἀγρόν.

III. Ὁ οἶνος
Τὸν ταπεινὸν μέγα φρονεῖν ποιεῖ,
Τὸν τὰς ὀφρῦς αἴροντα συμπείθει γελᾷν,
Τὸν δ' ἀσθενῆ τολμᾷν τι, τὸν δειλὸν θρασεῖν.

THÈME 3.

I. Οἱ πλεονεκτοῦντες πολεμοῦσιν ἀεὶ, τὸ ἐπιβουλεύειν καὶ φθονεῖν ἔμφυτον ἔχοντες.

II. Καυσιανοὶ τοὺς μὲν γεννωμένους θρηνοῦσι, τοὺς δὲ τελευτήσαντας μακαρίζουσι.

III. Οἴνου [γὰρ] εὕροις ἄν τι πρακτικώτερον;
Ὁρᾷς; ὅταν πίνωσιν ἄνθρωποι, τότε
Πλουτοῦσι, διαπράττουσι, νικῶσιν δίκας,
Εὐδαιμονοῦσιν, ὠφελοῦσι τοὺς φίλους.

IV. Αἰσχύλος, ὡς λέγουσι, τὰς τραγῳδίας μεθύων ἐποίει.

V. Ὀρφεὺς ᾄδων ἐκίνει λίθους τε καὶ δένδρα.

VI. Οἱ Σαρδῷοι τοὺς ἤδη γεγηρακότας τῶν πατέρων ῥοπάλοις ἀνῄρουν.

VII. Οἱ ἄνθρωποι τὸ παλαιὸν ἐν ἄντροις ᾤκουν.

VIII. Τὴν Σικελίαν τὸ παλαιὸν ταμεῖον τῆς Ῥώμης ἐκάλουν οἱ Ῥωμαῖοι.

THÈME 4.

I. Ὁ μηδὲν ἀδικῶν οὐδενὸς δεῖται νόμου.

II. Κυβερνήτου νοσοῦντος, ὅλον συμπάσχει τὸ σκάφος.

III. Σχολαστικὸς ναυαγεῖν μέλλων πινακίδας ᾔτει, ἵνα διαθήκας γράφῃ· τοὺς δὲ οἰκέτας ὁρῶν ἀλγοῦντας διὰ τοῦ κινδύνου, ἔφη· « Μὴ λυπεῖσθε· ἐλευθερῶ γὰρ ὑμᾶς. »

IV. Οὐ μόνος ὁ Πλοῦτος τυφλὸς, ἀλλὰ καὶ ἡ ὁδηγοῦσα αὐτὸν Τύχη.

V. Τὴν Ἀχιλλέως ἀσπίδα Ὅμηρος ἐποίησε φέρουσαν ὅλον τὸν οὐρανὸν, καὶ γεωργοῦντας, καὶ γαμοῦντας, καὶ δικαζομένους καὶ πολεμοῦντας.

THÈME 5.

I. Ὁ Θαλῆς λέγεται πρῶτος ἀστρολογῆσαι.

II. Ἐν Μακεδονίᾳ οὐκ ἔθος ἦν κατακλίνεσθαί τινα ἐν δείπνῳ,

εἰ μή τις ἔξω λίνων ὗν ἄγριον κεντήσειεν· ἕως δὲ τότε, καθήμενοι ἐδείπνουν. Κάσανδρος οὖν, πέντε καὶ τριάκοντα ὢν ἐτῶν, ἐδείπνει παρὰ τῷ πατρὶ καθήμενος, οὐ δυνάμενος τὸ ἆθλον ἐκτελέσαι, καίπερ ἀνδρεῖος γεγονὼς, καὶ κυνηγὸς ἀγαθός.

III. Ἐπίκουρος ἐρωτηθεὶς πῶς ἄν τις πλουτήσειεν, « Οὐ τοῖς οὖσι προστιθεὶς, ἔφη, τῆς δὲ χρείας τὰ πολλὰ περιτέμνων. »

IV. Σχολαστικὸς ἰατρῷ συναντήσας, « Συγχώρησόν μοι, εἶπε, καὶ μή μοι μέμψῃ, ὅτι οὐκ ἐνόσησα. »

V. Μηδέποτε φρονήσῃς ἐπὶ σεαυτῷ μέγα, ἀλλὰ μηδὲ καταφρονήσῃς σεαυτοῦ.

VI. Πλάτων τὴν φιλοσοφίαν θανάτου μελέτην ἐκάλεσε.

THÈME 6.

I. Ὦ παῖ, σιώπα· πόλλ' ἔχει σιγὴ καλά.

II. Μὴ κακοῖς ὁμίλει· θεοὺς τίμα· τὰ σπουδαῖα μελέτα.

III. Γελᾷ δ' ὁ μωρὸς, κἄν τι μὴ γελοῖον ᾖ.

IV. Ὁ Σαλμωνεὺς ἀντιβροντᾷν ἐτόλμα τῷ Διΐ.

V. Νικίας οὕτως ἦν φιλόπονος, ὥςτε πολλάκις ἐρωτᾷν τοὺς οἰκέτας, εἰ ἠρίστηκεν.

VI. Ἀναξαγόρας πρὸς τὸν δυςφοροῦντα, ὅτι ἐπὶ ξένης τελευτᾷ, « Πανταχόθεν, ἔφη, ὁμοία ἐστὶν ἡ εἰς ᾅδου κατάβασις. »

THÈME 7.

I. Οἱ πολύποδες ἐλλοχῶσι τοὺς ἰχθῦς τὸν τρόπον τοῦτον· ὑπὸ ταῖς πέτραις κάθηνται, καὶ ἑαυτοὺς εἰς τὴν ἐκείνων μεταμορφοῦσι χροιὰν, καὶ πέτραι εἶναι δοκοῦσιν. Οἱ τοίνυν ἰχθῦς προςνέουσιν, οἱ δὲ πολύποδες αὐτοὺς ἀφυλάκτους ὄντας περιβάλλουσι ταῖς ἑαυτῶν πλεκτάναις.

II. Ἵππειον Ποσειδῶνα τιμῶσιν Ἕλληνες, καὶ θύουσιν αὐτῷ ἐπὶ Ἰσθμῷ.

III. Οἱ Κόλχοι τοὺς νεκροὺς ἐν βύρσαις θάπτουσι, καὶ ἐκ τῶν δένδρων ἐξαρτῶσι.

IV. Ἀναξαγόραν τὸν Κλαζομένιόν φασι μὴ γελῶντά ποτε ὀφθῆναι, μήτε μειδιῶντα.

V. Διογένης ἰδών ποτε μειράκιον ἐρυθριῶν, « Θάῤῥει, ἔφη, τοιοῦτόν ἐστι τῆς ἀρετῆς τὸ χρῶμα. »

VI. Οἱ ἄνθρωποι οὐδὲ τὸν ἀέρα τοῖς ὄρνισιν εἴων ἐλεύθερον.

THÈME 8.

I. Ὀδυσσεὺς τὸν Κύκλωπα μεθύσαντα ἐξετύφλωσε.

II. Ὅμηρος τὸν οἶνον ἀπογυιοῦν λέγει.

III. Βέβαιον οὐδέν ἐστιν ἐν θνητῶν βίῳ· βιοῖ γὰρ οὐδεὶς ὃν προαιρεῖται τρόπον.

IV. Λακεδαιμόνιοι ἐμελέτων ἐκ παίδων εὐθὺς βραχυλογεῖν.

V. Ἐτυράννησε τῶν Ῥηγίνων Ἀναξίλας Μεσσήνιος, καὶ νικήσας Ὀλύμπια ἡμιόνοις, εἱστίασε τοὺς Ἕλληνας. Καί τις αὐτὸν ἐπέσκωψεν εἰπών· « Οὗτος τί ἂν ἐποίει νικήσας ἵπποις; »

VOIX PASSIVE.

(Méthode, §§ 90, 92, 94.)

THÈME 1.

I. Οἱ μὴ κολάζοντες τοὺς κακοὺς βούλονται ἀδικεῖσθαι τοὺς ἀγαθούς.

II. Οἱ καλῶς ἀγωνισάμενοι τῶν Λακεδαιμονίων καὶ ἀποθανόντες θαλλοῖς ἀνεδοῦντο.

III. Κόλαζε τὰ πάθη, ἵνα μὴ ὑπ' αὐτῶν τιμωρῇ.

IV. Κλεάνθης διεβοήθη ἐπὶ φιλοπονίᾳ· πένης γὰρ ὤν, νύκτωρ μὲν ἐν τοῖς κήποις ἤντλει, μεθ' ἡμέραν δὲ ἐν τοῖς λόγοις ἐγυμνάζετο.

V. Ὅταν αἱ μέλισσαι σκιρτήσωσιν ἢ πλανηθῶσιν, οἱ σμηνουργοὶ κροτοῦσι κρότον τινὰ ἐμμελῆ, οὗ ἀκούουσαι αἱ μέλισσαι ὑποστρέφουσιν.

THÈME 2.

I. Ἀγάθων ἔφη τὸν ἄρχοντα τριῶν δεῖν μεμνῆσθαι· πρῶτον μὲν, ὅτι ἀνθρώπων ἄρχει· δεύτερον, ὅτι κατὰ νόμους ἄρχει· τρίτον, ὅτι οὐκ ἀεὶ ἄρχει.

II. Παρ' Ἰνδοῖς ὁ τεχνίτου πηρώσας χεῖρα ἢ ὀφθαλμὸν, θανάτῳ ζημιοῦται.

III. Φινεὺς ὁ μάντις τὰς ὄψεις πεπηρωμένος ἦν· πηρωθῆναι δέ φασιν αὐτὸν ὑπὸ θεῶν, ὅτι προὔλεγε τοῖς ἀνθρώποις τὰ μέλλοντα.

IV. Πλάτων πρός τινα τῶν παίδων, « Μεμαστίγωσο ἄν, ἔφη, εἰ μὴ ὠργιζόμην. »

VOIX MOYENNE.

(Méthode, §§ 90, 92, 94.)

THÈME 1.

I. Παρὰ Ἀντιόχῳ τῷ Μεγάλῳ προςαγορευθέντι, ἐν τῷ δείπνῳ, πρὸς ὅπλα ὠρχοῦντο οὐ μόνον οἱ βασιλέως φίλοι, ἀλλὰ καὶ αὐτὸς ὁ βασιλεύς.

II. Οἱ Ταραντῖνοι ἐβουλεύοντο ποιεῖσθαι Πύῤῥον ἡγεμόνα, καὶ καλεῖν ἐπὶ τὸν πόλεμον.

III. Ἐμπεδοκλῆς τὴν βασιλείαν αὐτῷ διδομένην παρῃτήσατο, τὴν λιτότητα δηλονότι πλέον ἀγαπήσας.

IV. Φίλους μὴ ταχὺ κτῶ.

V. Λάμπις, ὁ ναύκληρος, ἐρωτηθεὶς πῶς ἐκτήσατο τὸν πλοῦτον, « Οὐ χαλεπῶς, ἔφη, τὸν μέγαν, τὸν δὲ βραχὺν ἐπιπόνως. »

VI. Οὕτω πειρῶ ζῆν, ὡς καὶ ὀλίγον καὶ πολὺν χρόνον βιωσόμενος.

VII. Ἡδέως μὲν ἔχε πρὸς ἅπαντας, χρῶ δὲ τοῖς βελτίστοις.

VIII. Εἰ σὺ ἐθεάσω ἅπερ ἐγὼ, εὖ οἶδα ὅτι οὐκ ἂν ἐπαύσω γελῶν.

IX. Πάντων ἐστὶν ἥδιστον καὶ λυσιτελέστατον, πιστοὺς ἅμα καὶ χρησίμους φίλους κτᾶσθαι ταῖς εὐεργεσίαις.

THÈMES SUR LES VERBES

EN Ω PRÉCÉDÉ D'UNE CONSONNE.

(Méthode, § 98-125.)

VOIX ACTIVE.

THÈME 1

I. Οἱ πονηροὶ εἰς τὸ κέρδος μόνον ἀποβλέπουσιν.

II. Ὅστις μὴ κολάζει τὰ πάθη, αὐτὸς ὑπ' αὐτῶν κολάζεται.

III. Πᾶσα δύναμις καὶ πᾶς πλοῦτος ὑπείκει τῇ ἀρετῇ.

IV. Ὅταν τινὰ θέλωσιν οἱ θεοὶ σώζεσθαι, καὶ ἐξ αὐτῶν ἀνασπῶσι βαράθρων.

V. Κακὸν φέρουσι καρπὸν οἱ κακοὶ φίλοι.

VI. Οὐδὲν τῆς εὐμορφίας ὄφελος, ὅταν τις μὴ φρένας ἔχῃ.

VII. Εὖ θνήσκοις, ὅταν σοι τὸ χρεὼν ἔλθῃ!

THÈME 2.

I. Τήρης, ὁ βασιλεὺς, ἔλεγεν, ὁπότε σχολάζοι καὶ μὴ στρατεύοιτο, τῶν ἱπποκόμων οἴεσθαι μηδὲν διαφέρειν.

II. Ἀγησίλαος, ἐρωτηθεὶς πῶς ἂν τις μάλιστα παρ' ἀνθρώποις εὐδοκιμοίη, « Εἰ λέγοι, εἶπε, τὰ ἄριστα, πράττοι δὲ τὰ κάλλιστα. »

III. Ἆγις, ἐρωτηθεὶς πῶς ἂν τις ἐλεύθερος διαμένοι, « Θανάτου καταφρονῶν, » ἔφη.

IV. Θάπτουσιν οἱ Αἰγύπτιοι τοὺς νεκροὺς ταριχεύοντες, Ῥωμαῖοι δὲ καίοντες.

V. Πολλάκις ἄνθρωποι τὸν θάνατον φεύγοντες, διώκουσι.

VI. Φίλιππος τοὺς Ἀθηναίους εἴκαζε τοῖς Ἑρμαῖς, στόμα μόνον ἔχουσι.

THÈME 3.

I. Διονύσιος ὁ Σικελὸς περὶ τὴν ἰατρικὴν ἐσπούδασε, καὶ αὐτὸς ἰᾶτο, καὶ ἔτεμνε, καὶ ἔκαιε, καὶ τὰ λοιπά.

II. Θεμιστοκλῆς καὶ Ἀριστείδης ἐστασιαζέτην ἔτι παῖδε ὄντε.

III. Θησεὺς τὴν Ἀριάδνην ἐν Νάξῳ κατέλιπε καὶ ἐξέπλευσε· Διόνυσος δὲ αὐτὴν ἀπήγαγεν.

IV. Ἡ γλῶσσα πολλοὺς εἰς ὄλεθρον ἤγαγεν.

V. Ἐπρώτευσεν ἡ Λακεδαίμων τῆς Ἑλλάδος εὐνομίᾳ καὶ δόξῃ χρόνον ἐτῶν πεντακοσίων, τοῖς Λυκούργου χρωμένη νόμοις.

THÈME 4.

I. Ὁ Διογένης ἔλεγεν, « ὅτι οἱ μὲν ἄλλοι κύνες τοὺς ἐχθροὺς δάκνουσιν, ἐγὼ δὲ τοὺς φίλους, ἵνα σώσω. »

II. Μηδενὶ συμφορὰν ὀνειδίσῃς· κοινὴ γὰρ ἡ τύχη, καὶ τὸ μέλλον ἀόρατον.

III. Κἂν μόνος ᾖς, φαῦλον μήτε λέξῃς, μήτε ἐργάσῃ μηδέν.

IV. Αἰδοῦς παρὰ πᾶσιν ἄξιος ἔσῃ, ἐὰν πρῶτον ἄρξῃς σαυτὸν αἰδεῖσθαι.

THÈME 5.

I. Ἀδύνατον ἄνευ τῆς τῶν οὐρανίων θεωρίας γεωγραφῆσαι.

II. Διογένης, λύχνον μεθ' ἡμέραν ἅψας, « Ἄνθρωπον, φησὶ, ζητῶ. »

III. Οἱ Λάκωνες τὴν τῆς παλαιᾶς διαίτης σκληρότητα καταλύσαντες, ἐξώκειλαν εἰς τρυφήν.

IV. Ὁ Θησεὺς μετὰ τὴν Αἰγέως τελευτὴν συνοικίσας τοὺς τὴν Ἀττικὴν κατοικοῦντας εἰς ἓν ἄστυ, ἕνα δῆμον ἀπέφηνεν.

V. Εἶπε πρὸς Σαμψὼν Δαλιλά· « Πῶς λέγεις ὅτι ἀγαπᾷς με; οὐκ ἀπήγγειλάς μοι ἐν τίνι ἡ ἰσχύς σου ἡ μεγάλη. » Καὶ ἐξέθλιψεν αὐτὸν ἐν λόγοις αὐτῆς πάσας τὰς ἡμέρας. Τὸ δὲ τέλος ἤνοιξεν αὐτῇ πᾶσαν τὴν καρδίαν αὐτοῦ, καὶ ἀνήγγειλεν αὐτῇ τὴν ἀλήθειαν.

THÈME 6.

I. Τὸ καλῶς ἀποθανεῖν ἴδιον τοῖς ἀγαθοῖς ἡ φύσις ἀπένειμεν.

II. Οὐπώποτε ἐγὼ κατὰ τὴν Ἀττικὴν ὑπέμεινα τοσοῦτον χειμῶνα.

III. Ἐξ οὗ φιλοσοφεῖν ἐπενόησας, σεμνός τις ἐγένου, καὶ τὰς ὀφρῦς ὑπὲρ τοὺς κροτάφους ἐπῆρας.

IV. Ἄρτι μοι τὴν ἅλω διακαθήραντι ὁ δεσπότης ἐπέστη, καὶ ἐπῄνει τὴν ἐμοῦ φιλεργίαν.

V. Κάδμος ἀποκτείνει δράκοντα, τῆς Ἀρείας κρήνης φύλακα, καὶ τοὺς ὀδόντας αὐτοῦ σπείρει· τούτων δὲ σπαρέντων, ἀνέτειλαν ἐκ γῆς ἄνδρες ἔνοπλοι.

VI. Ἀφροσύνης ἐστὶ τὸ κρῖναι κακῶς τὰ πράγματα.

VII. Οὔτε πῦρ ἱματίῳ περιστεῖλαι δυνατὸν, οὔτε αἰσχρὸν ἁμάρτημα χρόνῳ.

THÈME 7.

I. Σχολαστικὸς, μαθὼν ὅτι ὁ κόραξ ὑπὲρ τὰ διακόσια ἔτη ζῇ, ἀγοράσας κόρακα εἰς ἀπόπειραν ἔτρεφε.

II. Φιλεῖ τῷ κάμνοντι συγκάμνειν Θεός.

III. Οὐκ ἂν δύναιο μὴ καμὼν εὐδαιμονεῖν.

IV. Ὁ Ἡρακλῆς τὸ ῥόπαλον, ὃ ἐφόρει, αὐτὸς ἔτεμεν ἐκ Νεμέας.

V. Δημοσθένους εἰπόντος πρὸς τὸν Φωκίωνα, « Ἀποκτενοῦσί σε Ἀθηναῖοι, ἐὰν μανῶσι· — Ναὶ, εἶπεν, ἐμὲ μὲν, ἐὰν μανῶσι, σὲ δὲ, ἐὰν σωφρονῶσι. »

VI. Πελίαν, τὸν Ποσειδῶνος καὶ Τυροῦς, ἵππος ἔθρεψε.

THÈME 8.

I. Πλάτων, λοιδορούμενος ὑπό τινος, « Λέγε, ἔφη, κακῶς, ἐπεὶ καλῶς οὐ μεμάθηκας. »

II. Ὁ καλὸς καὶ ἀγαθὸς ἀνὴρ τὴν ἑαυτοῦ γνώμην ὑποτέταχε τῷ

διοικοῦντι τὰ ὅλα, καθάπερ οἱ ἀγαθοὶ πολῖται τῷ νόμῳ τῆς πόλεως.

III. Τὸν εὐτυχοῦντα χρὴ σοφὸν πεφυκέναι.

IV. Βίων ὁ σοφιστὴς, ἰδὼν φθονερὸν σφόδρα κεκυφότα, εἶπεν· « Ἢ τούτῳ μέγα κακὸν συμβέβηκεν, ἢ ἄλλῳ μέγα ἀγαθόν. »

V. Οἱ πρὸς τὴν δόξαν κεχηνότες σπανίως ἔνδοξοι γίγνονται.

VI. Εἰρήκασί τινες τὸν ἥλιον λίθον εἶναι καὶ μύδρον διάπυρον.

VII. Δαίδαλος, ἀρχιτέκτων ὢν, ἐν Κρήτῃ κατεσκεύασε Λαβύρινθον, πεφευγὼς ἐξ Ἀθηνῶν ἐπὶ φόνῳ.

VIII. Σχολαστικὸς κατ' ὄναρ δοκῶν ἧλον πεπατηκέναι, τὸν πόδα ὕπαρ περιεδήσατο· ἕτερος δὲ, μαθὼν τὴν αἰτίαν, ἔφη· « Διὰ τί γὰρ ἀνυπόδητος καθεύδεις; »

THÈME 9.

I. Ἀταλάντη ἐπεφύκει ὠκίστη τοὺς πόδας.

II. Ἐπέπνεον οἱ ἄνεμοι, καὶ ἐπεφρίκει ὁ πόντος, καὶ ὁ ἀφρὸς τοῦ ὕδατος ἐξηνθήκει.

III. Δημοσθένης πρὸς κλέπτην εἰπόντα, « Οὐκ ᾔδειν ὅτι σόν ἐστιν, — Ὅτι δὲ, ἔφη, σὸν οὐκ ἔστιν ᾔδεις. »

IV. Τῆς τῶν παίδων τελευτῆς προςαγγελθείσης Ἀναξαγόρᾳ, εἶπεν· « Ἤδειν αὐτοὺς θνητοὺς γεννήσας. »

V. Ὁ χρήσιμ' εἰδὼς, οὐχ ὁ πόλλ' εἰδὼς σοφός.

VOIX PASSIVE.

THÈME 1.

I. Ἐπὶ τῆς κολακείας, ὡς ἐπὶ μνήματος, αὐτὸ μόνον τὸ ὄνομα τῆς φιλίας ἐπιγέγραπται.

II. Ὑπὸ τοῦ πλήθους τῶν παρόντων ἐν τῇ ἐκκλησίᾳ διατετάραγμαι τὴν γνώμην, καὶ ὑπότρομός εἰμι, καὶ ἡ γλῶττά μοι πεπεδημένη ἔοικε, καὶ ἐπιλέλησμαι τὸ προοίμιον τῶν λόγων, ὃ παρεσκευασάμην.

III. Εἰ τοῖς ἐν οἴκῳ χρήμασιν λελείμμεθα,
Ἡ δ' εὐγένεια καὶ τὸ γενναῖον μένει.

THÈME 2.

I. Οὐδεμία ἔτι τῶν πόλεων ἀκέραιός ἐστιν, ἥτις οὐχ ὁμόρους ἔχει τοὺς κακῶς ποιήσοντας, ὡς τετμῆσθαι μὲν τὰς χώρας, πεπορθῆσθαι δὲ τὰς πόλεις, ἀναστάτους δὲ γεγενῆσθαι τοὺς οἴκους τοὺς ἰδίους, ἀνεστράφθαι δὲ τὰς πολιτείας, καὶ καταλελύσθαι τοὺς νόμους.

II. Ἄνθρωπος ὤν, μέμνησο τῆς κοινῆς τύχης.

III. Μέμνησο ὅτι θνητὸς εἶς.

IV. Εὐριπίδης ἐν Μακεδονίᾳ τέθαπται.

THÈME 3.

I. Ὁ Σαρδανάπαλος ἐκεῖνος, ὁ τὸ σῶμα ἐντετριμμένος, καὶ τὴν χαίτην διαπεπλεγμένος, καὶ ἐν πορφυρίσι κατορωρυγμένος, καὶ ἐν βασιλείοις κατακεκλεισμένος, οὐδὲν ἄλλο ἐδίωκεν ἢ ἡδονήν. Ὁ δ' ἐξώλης κακὸς κακῶς ἀπώλετο.

II. Οἱ Πυθαγορικοὶ ἔλεγον ἐνδεδέσθαι τῷ σώματι τὰς ἀνθρώπων ψυχὰς τιμωρίας χάριν.

III. Τυφών, Γῆς υἱὸς καὶ Ταρτάρου, μεμιγμένην εἶχε φύσιν ἀνδρὸς καὶ θηρίου.

THÈME 4.

I. Τοῦ μὲν ἀνθρώπου ἡ καρδία τῷ μαζῷ τῷ λαιῷ προσήρτηται, τοῖς δὲ ἄλλοις ζώοις ἐν μέσῳ τῷ στήθει προσπέπλασται.

II. Ῥωμαίων αἱ πολλαὶ γυναῖκες τὰ αὐτὰ ὑποδήματα φορεῖν τοῖς ἀνδράσιν εἰθισμέναι εἰσίν.

III. Ἀρχιμήδην τῇ σανίδι προσκείμενον ἀποσπῶντες βίᾳ οἱ θεράποντες ἤλειφον· ὁ δὲ ἐπὶ τοῦ σώματος ἀληλιμμένου διέγραφε τὰ σχήματα.

IV. Ἀρίστιππος, ἐρωτηθεὶς τίνι διαφέρουσιν οἱ πεπαιδευμένοι τῶν ἀπαιδεύτων, ἔφη · « Ὥπερ οἱ δεδαμασμένοι ἵπποι τῶν ἀδαμάστων. »

V. Οἱ περὶ τὸν Θεμιστοκλέα Ἕλληνες διεσπαρμένοις τοῖς Πέρσαις συνεπλέκοντο.

VI. Τὸ εἱμαρμένον διαφυγεῖν ἀδύνατον. Ζήνων γοῦν δοῦλον ἐμαστίγου ἐπὶ κλοπῇ· τοῦ δὲ εἰπόντος · « Εἵμαρτό μοι κλέψαι· — Καὶ δαρῆναι, » Ζήνων ἔφη.

VII. Ἐν τοῖς Δράκοντος νόμοις μία ἅπασιν ὥριστο τοῖς ἁμαρτάνουσι ζημία, θάνατος.

VIII. Οἱ Γίγαντες ἠκόντιζον εἰς οὐρανὸν πέτρας καὶ δρῦς ἡμμένας.

THÈME 5.

I. Πυθαγόρας πρῶτον ἑαυτὸν φιλόσοφον ὠνόμασεν· οἱ δὲ παλαίτεροι σοφοὶ ὠνομάσθησαν.

II. Πυθαγόρας τῆς αὐτῆς ἡμέρας καὶ κατὰ τὴν αὐτὴν ὥραν ὤφθη ἐν Μεταποντίῳ καὶ ἐν Κρότωνι.

III. Οἱ εὐεργέται τῶν ἀνθρώπων ἀθανάτων τιμῶν ἠξιώθησαν.

IV. Ἦν Ἀθηναίοις ποτὲ πάτριον ἡγεῖσθαι τῆς Ἑλλάδος, καὶ τοῖς τυράννοις ὑπὲρ τῆς ἐλευθερίας ἀνταγωνίζεσθαι. Οὗτος ὁ νόμος ἤρξατο μὲν ἀπὸ Μιλτιάδου, ἤκμασε δὲ ἐπὶ Θεμιστοκλέους, κατέβη δὲ εἰς Κίμωνα, ἐφυλάχθη δὲ ὑπὸ Περικλέους, καὶ ἐθαυμάσθη ὑπὸ Ἀλκιβιάδου.

V. Πτολεμαῖος, ὁ Μακεδονίας βασιλεὺς, ὑπὸ Γαλατῶν ἐσφάγη, καὶ πᾶσα ἡ Μακεδονικὴ δύναμις κατεκόπη καὶ διεφθάρη.

VI. Δοῦρις ὁ Σάμιός φησι Πολυσπέρχοντα, τὸν Μακεδόνων στρατηγὸν, εἰ μεθυσθείη, καίτοι πρεσβύτερον ὄντα, ἐν δείπνῳ ὀρχεῖσθαι.

VII. Αἱ τιθῆναι ἐμπτύουσι τοῖς παιδίοις, ὡς μὴ βασκανθῶσιν.

THÈME 6.

I. Νέος ὢν ὁ Πλάτων οὕτως ἦν αἰδήμων καὶ κόσμιος, ὥςτε μηδέποτε ὀφθῆναι γελῶν ὑπεράγαν.

II. Λόγος τίς ἐστι Ῥοδίους ὑσθῆναι χρυσῷ, χρυσῆν ἐπ' αὐτοὺς τοῦ Διὸς νεφέλην ῥήξαντος.

III. Ἡρόδοτος λέγει ἐπὶ Ἄτυος διὰ λιμὸν εὑρεθῆναι τὰς παιδιάς.

IV. Ἀριάδνην οἱ μέν φασιν ἀπάγξασθαι ἀπολειφθεῖσαν ὑπὸ τοῦ Θησέως, οἱ δὲ εἰς Νάξον κομισθεῖσαν Διονύσῳ γαμηθῆναι.

V. Ἡρακλῆς ἐν Θήβαις τραφεὶς καὶ παιδευθεὶς καὶ μάλιστα ἐν τοῖς γυμνασίοις διαπονηθεὶς, περιβόητος ἐγένετο.

VI. Ἀπόλλων καταδικασθεὶς ἐπὶ τῷ τῶν Κυκλώπων θανάτῳ, κἀξοστρακισθεὶς διὰ τοῦτο ἐκ τοῦ οὐρανοῦ, κατεπέμφθη ἐς γῆν, καὶ ἐθήτευσεν ἐν Θετταλίᾳ παρ' Ἀδμήτῳ, καὶ ἐν Φρυγίᾳ παρὰ Λαομέδοντι.

VII. Πόνου μεταλλαχθέντος οἱ πόνοι γλυκεῖς.

THEME 7.

I. Ὃ μέλλεις πράττειν, μὴ πρόλεγε· ἀποτυχὼν γὰρ γελασθήσῃ.

II. Βασιλεὺς ὢν, σκόπει ὅπως οἱ βέλτιστοι μὲν τὰς τιμὰς ἕξουσιν, οἱ δὲ ἄλλοι μηδὲν ἀδικηθήσονται.

III. Αἰδοῦ σαυτὸν, καὶ ἄλλον οὐκ αἰσχυνθήσῃ.

IV. Ἅπαντα δόκει ὡς μηδένα λήσων· καὶ γὰρ ἂν παραυτίκα κρύψῃς, ὕστερον ὀφθήσῃ.

THÈME 8.

I. Ὕλας ὁ Θειοδάμαντος παῖς, ἐν Μυσίᾳ ἀποσταλεὶς ὑδρεύσασθαι, διὰ κάλλος ὑπὸ Νυμφῶν ἡρπάγη.

II. Σοφοκλῆς ὁ τραγῳδοποιὸς, ῥᾶγα σταφυλῆς καταπιὼν, ἀπεπνίγη.

III. Ἥφαιστος ἐῤῥίφη ὑπὸ τοῦ Διὸς ἐξ οὐρανοῦ, ὅθεν χωλὸς ἐγένετο.

IV. Σχολαστικὸς ἰατρῷ συναντήσας, ἐκρύβη · πυθομένου δέ τινος τὴν αἰτίαν, ἔφη · « Καιρὸν ἔχω μὴ ἀσθενήσας, καὶ αἰσχύνομαι εἰς ὄψιν ἐλθεῖν τοῦ ἰατροῦ. »

V. Λέγεται τὸν Κινέαν, ἐπεὶ τὴν τῶν Ῥωμαίων ἀρετὴν κατενόησε, τῷ Πύῤῥῳ εἰπεῖν, ὡς ἡ σύγκλητος αὐτῷ βασιλέων πολλῶν συνέδριον φανείη.

VI. Συγκρινομένων τῶν τριῶν ἠπείρων πρὸς ἀλλήλας, μεγίστη μὲν φανείη ἂν ἡ Ἀσία, εἶτα ἡ Λιβύη, τελευταία δὲ ἡ Εὐρώπη.

VOIX MOYENNE.

THÈME 1.

I. Πάντων μάλιστα σαυτὸν αἰσχύνου.

II. Οὐκ ἄμισθον τὸ εὖ ποιεῖν, κἂν μὴ παραχρῆμα τῆς εὐεργεσίας ἡ ἀντίδοσις φαίνηται.

III. Οὐ τὸ πένεσθαι αἰσχρὸν, ἀλλὰ τὸ διὰ αἰσχρὰν αἰτίαν πένεσθαι, ὄνειδος.

IV. Τὸν ὀργιζόμενον νόμιζε τοῦ μαινομένου χρόνῳ διαφέρειν.

V. Ἀντίγονος ὑποχωρῶν ποτε τοῖς πολεμίοις ἐπερχομένοις, οὐκ ἔφη φεύγειν, ἀλλὰ διώκειν τὸ συμφέρον ὀπίσω κείμενον.

VI. Ἐρωτήσαντός τινος τὸν Ἀνταλκίδαν, πῶς ἄν τις μάλιστα ἀρέσκοι τοῖς ἀνθρώποις, « Εἰ ἥδιστα μὲν, ἔφη, αὐτοῖς διαλέγοιτο, ὠφελιμώτατα δὲ προσφέροιτο. »

VII. Οἱ πάλαι Ἀθηναῖοι ἁλουργῆ ἠμπείχοντο ἱμάτια, ποικίλους δὲ ἐνέδυνον χιτῶνας.

THÈME 2.

I. Γεγόναμεν ἅπαξ · δὶς δ' οὐκ ἔστι γενέσθαι.

II. Ἔοικεν ὁ βίος θεάτρῳ · διὸ πολλάκις χείριστοι τὸν κάλλιστον ἐν αὐτῷ κατέχουσι τόπον.

III. Αἱ καμηλοπαρδάλεις κατὰ τὴν ῥάχιν κύρτωμα παρεμφερὲς ἔχουσι καμήλῳ, τῷ δὲ χρώματι καὶ τῇ τριχώσει παρδάλεσιν ἐοίκασιν.

IV. Δεδίασιν αἱ μέλισσαι οὐ τοσοῦτον τὸ κρύος, ὅσον τὸν ὄμβρον.

V. Οὐκ ἀκήκοας, ὡς οἱ τέττιγες, ὄντες ἄνθρωποι τὸ παλαιὸν, εἰς ὄρνιθας μετέβαλον;

VI. Ἐλπὶς ἐγρηγορότος ἐνύπνιον.

VII. Πίνδαρος εἶπε τὰς ἐλπίδας εἶναι ἐγρηγορότων ἐνύπνια.

THÈME 3.

I. Δημώναξ, ἐρωτηθεὶς πότε ἤρξατο φιλοσοφεῖν, « Ὅτε, ἔφη, καταγιγνώσκειν ἐμαυτοῦ ἠρξάμην. »

II. Ἀρίστιππος ἔφη πρὸς τὸν ἀδελφόν· « Μέμνησο ὅτι τῆς μὲν διαστάσεως σὺ ἦρξω, τῆς δὲ διαλύσεως ἐγώ. »

III. Φιλόξενος, ὁ γαστρίμαργος, ἐπιμεμφόμενος τὴν φύσιν, ηὔξατο γεράνου τὴν φάρυγγα ἔχειν.

IV. Κῦρος ὁ Μέγας Πυθάρχῳ τῷ Κυζικηνῷ, φίλῳ ὄντι, ἐχαρίσατο ἑπτὰ πόλεις.

THÈME 4.

I. Λόγισαι πρὸ ἔργου.

II. Διογένης πρὸς τὸν ἐνσείσαντα αὐτῷ δοκὸν, εἶτα εἰπόντα, « Φύλαξαι, » πλήξας αὐτὸν τῇ βακτηρίᾳ, εἶπε· « Φύλαξαι. »

III. Τοιοῦτος γίγνου περὶ τοὺς γονεῖς, οἵους ἂν εὔξαιο περὶ σεαυτὸν γενέσθαι τοὺς σεαυτοῦ παῖδας.

IV. Λέγεται Ἰὼ ἡ Ἰνάχου, εἰς βοῦν μεταμορφωθεῖσα, τὸν Βόσπορον νήξασθαι, καὶ δοῦναι τῷ πορθμῷ τὸ ὄνομα.

V. Σχολαστικὸς κολυμβᾷν βουλόμενος, παρὰ μικρὸν ἐπνίγη· ὤμοσεν οὖν μὴ ἅψασθαι ὕδατος, ἐὰν μὴ πρῶτον μάθῃ κολυμβᾷν.

THÈME 5.

I. Εἰπόντος τινὸς τῶν ἑταίρων, « Ἀπίωμεν, Δημῶναξ, εἰς τὸ Ἀσκληπιεῖον, καὶ προςευξώμεθα ὑπὲρ τοῦ υἱοῦ, — Πάνυ, ἔφη, κωφὸν ἡγῇ τὸν Ἀσκληπιὸν, εἰ μὴ δύναται κἀντεῦθεν ἡμῶν εὐχομένων ἀκούειν. »

II. Πρεσβύτου τινὸς Ῥωμαίου εὐσωματοῦντος, καὶ τὴν ἐνόπλιον Δημώνακτι μάχην πρὸς πάτταλον ἐπιδειξαμένου, καὶ ἐρομένου, « Πῶς σοι, Δημῶναξ, μεμαχῆσθαι ἔδοξα; — Καλῶς, ἔφη, ἂν ξύλινον τὸν ἀνταγωνιστὴν ἔχῃς. »

THÈME 6.

I. Γραῦν τινά φασι μόσχον μικρὸν ἀραμένην, καὶ τοῦτο καθ' ἡμέραν ποιοῦσαν, λαθεῖν βοῦν φέρουσαν.

II. Μίλων, ὁ ἐκ Κρότωνος ἀθλητὴς, ταῦρον ἀράμενος ἔφερε διὰ τοῦ σταδίου μέσου.

III. Λεύκουλλος ὁ Ῥωμαίων στρατηγὸς, ὁ τὸν Μιθριδάτην καὶ Τιγράνην καταγωνισάμενος, πρῶτος διεκόμισεν εἰς Ἰταλίαν τὸν κέρασον.

THÈME 7.

I. Ἐπειδὴ θεοὶ σωτῆρες κυμάτων καὶ κινδύνου ἐμὲ ἐξείλοντο, ἐπ' ἐργασίαν τρέψομαι, καὶ βαδιοῦμαι ἐν τῷ ἀγρῷ διατρίβων.

II. Λεωνίδης, ἀκούσας τὸν ἥλιον ἐπισκιάζεσθαι τοῖς Περσῶν τοξεύμασι, « Χαρίεν, ἔφη, ὅτι καὶ ὑπὸ σκιᾷ μαχούμεθα. »

III. Θεόκριτος, ἐρωτηθεὶς ὑπὸ ἀδολέσχου ὅπου αὐτὸν αὔριον ὄψοιτο, ἔφη· « Ὅπου ἐγὼ σὲ οὐκ ὄψομαι. »

THÈMES SUR LES VERBES EN MI.

(Méthode, § 128-150.)

VOIX ACTIVE.

THÈME 1.

I. Ζεὺς πάντα τίθησιν ὅπη θέλει.

II. Τί τὸν νεκρὸν ὁ κωκυτὸς ὀνίνησι;

III. Λέοντα νοσοῦντα οὐδὲν ἄλλο ὀνίνησι φάρμακον, εἰ μὴ βρωθεὶς πίθηκος.

IV. Χίλων, ἐρωτηθεὶς τί χαλεπώτατον· « Τὸ γιγνώσκειν ἑαυτὸν, ἔφη· πολλὰ γὰρ ὑπὸ φιλαυτίας ἕκαστον ἑαυτῷ προστιθέναι μάτην. »

V. Σόλων τοῖς ἐν Πρυτανείῳ σιτουμένοις μάζαν παρέχειν κελεύει, ἄρτον δὲ ταῖς ἑορταῖς προςπαρατιθέναι.

THÈME 2.

I. Τοῦτον τὸν νόμον ὁ Θεὸς τέθεικεν· Εἴ τι ἀγαθὸν θέλεις, παρὰ σεαυτοῦ λαβέ.

II. Οἱ παλαιοὶ τοῖς ἀποθανοῦσιν ὀϐολὸν εἰς τὸ στόμα κατέθηκαν.

III. Ῥᾴδιον ἐξ ἀγαθοῦ θεῖναι κακὸν, ἢ ἐκ κακοῦ ἐσθλόν.

IV. Ἀθηνᾶ ἐν μέσῃ τῇ ἀσπίδι τὴν τῆς Γοργόνος κεφαλὴν ἀνέθηκε.

V. Νόμος ἐστὶ Θηϐαϊκὸς, ὅτι οὐκ ἔξεστιν ἀνδρὶ Θηϐαίῳ ἐκθεῖναι παιδίον.

VI. Φασὶ τοὺς Φοίνικας οὐκ ἐξ ἀρχῆς εὑρεῖν τὰ γράμματα, ἀλλὰ τοὺς τύπους μεταθεῖναι μόνον.

VII. Ἀντίγονος, ὁ βασιλεὺς, Διόνυσον πάντα ἐμιμεῖτο, κισσὸν

περιτιθεὶς τῇ κεφαλῇ ἀντὶ διαδήματος, καὶ θύρσον ἀντὶ σκήπτρου φέρων.

VIII. Λυκοῦργον, τὸν θέντα Λακεδαιμονίοις νόμους, μάλιστα θαυμάζω καὶ σοφώτατον εἶναι ἡγοῦμαι.

THÈME 3.

I. Εἰ ἀηδὼν ἤμην, ἐποίουν ἂν τὰ τῆς ἀηδόνος· εἰ κύκνος, τὰ τοῦ κύκνου· νῦν δὲ λογικός εἰμι, ὑμνεῖν δεῖ τὸν Θεόν· τοῦτό μού τὸ ἔργον ἐστίν.

II. Οὐκ ἀγαθὸν πολυκοιρανίη, εἷς κοίρανος ἔστω, εἷς βασιλεύς.

III. Ἐὰν ᾖς φιλομαθὴς, ἔσῃ πολυμαθής.

IV. Οἱ Λουσιτανοὶ παιᾶνας ᾄδουσιν, ὅταν ἐν μάχῃ ἐπίωσι τοῖς ἀντιτεταγμένοις.

V. Εὔκολον ἔφασκεν ὁ Βίων τὴν εἰς ᾅδου ὁδόν· καταμύοντας γὰρ αὐτὴν ἰέναι.

VI. Μαρίου μὲν τὸν πατέρα οὐκ ἴσμεν, αὐτὸν δὲ θαυμάζομεν διὰ τὰ ἔργα.

THÈME 4.

I. Ὁ Τάνταλος ἐν τῇ λίμνῃ αὖος ἕστηκε.

II. Τριπτολέμῳ μὲν ἱερὰ καὶ βωμοὺς ἀνέστησαν, ὅτι τὰς ἡμέρους τροφὰς ἡμῖν ἔδωκε· τῷ δὲ τὴν ἀλήθειαν εὑρόντι τίς ὑμῶν βωμὸν ἱδρύσατο;

III. Ἀριστῶντι Διογένει ἐν ἀγορᾷ οἱ περιεστῶτες συνεχὲς ἔλεγον· « Κύον, κύον· » ὁ δὲ, « Ὑμεῖς, εἶπεν, ἐστὲ κύνες, οἵ με ἀριστῶντα περιεστήκατε. »

IV. Οὐδὲ τὸν ἀέρα οἱ ἄνθρωποι τοῖς ὄρνισιν εἴων ἐλεύθερον, παγίδας καὶ νεφέλας ἱστάντες.

V. Τὸν Κρόνον λέγουσι τοὺς καθ' ἑαυτὸν ἀνθρώπους ἐξ ἀγρίας διαίτης εἰς βίον ἥμερον μεταστῆσαι.

THÈME 5.

I. Οὐδὲν τῶν μὴ καλῶν δίδωσι Θεός· ἀλλ' ἔστι ταῦτα δωρεὰ τύχης ἀλόγου.

II. Ἁπλῆν Ὅμηρος Θεοῖς δίαιταν ἀποδίδωσι.

III. Δίδου παῤῥησίαν τοῖς εὖ φρονοῦσι.

IV. Τένθης τις δακτυλήθρας ἔχων ἤσθιε τὸ ὄψον, ἵν' ὡς θερμότατον ἀναδιδοίη τῇ γλώττῃ.

V. Ἡ φύσις τὰ δάκρυα ἔδωκεν ἡμῖν παραμυθίαν ἐν ταῖς τύχαις.

VI. Προμηθεύς, Ἰαπετοῦ υἱός, τὸ πῦρ τοῖς ἀνθρώποις ἔδωκεν.

VII. Οἱ Φοίνικες τοῖς Ἕλλησι τὰ γράμματα παραδεδώκασι.

VIII. Φασὶν Εὐριπίδην Σωκράτη, ἀποδόντα τι Ἡρακλείτου σύγγραμμα, ἐρέσθαι, τί δοκεῖ, τὸν δὲ φάναι· « Ἃ μὲν συνῆκα, γενναῖα, οἶμαι δὲ καὶ ἃ μὴ συνῆκα. »

IX. Ἔριφος ἐπί τινος δώματος ἑστώς, ἐπειδὴ λύκον παριόντα εἶδεν, ἐλοιδόρει καὶ ἔσκωπτεν αὐτόν· ὁ δὲ λύκος ἔφη· « Ὦ οὗτος, οὐ σύ με λοιδορεῖς, ἀλλὰ ὁ τόπος. »

THÈME 6.

I. Ὁ οἶνος μέτριος μὲν ληφθεὶς ῥώννυσι, πλείων δὲ παρίησιν.

II. Ἡ πλαστικὴ δείκνυσι τὰ εἴδη τῶν θεῶν, τῶν ἀνθρώπων, καὶ ἐνίοτε καὶ τῶν θηρῶν.

III. Ἁπλοῦς ὁ μῦθος τῆς ἀληθείας ἔφυ.

IV. Οὐδὲν θαλάσσης ἀπιστότερον· πλοῦτον γὰρ διδοῦσα, αὐτὸν πάλιν ἀφαιρεῖται, καὶ μετ' αὐτοῦ ἀφαιρεῖται τὰς ψυχάς· καί τις ἀναχθεὶς μετὰ πολλῶν χρημάτων, ἢ συγκατέδυ τοῖς χρήμασιν ἢ ἀπεσώθη γυμνός.

V. Ἡ σαλαμάνδρα, ὥς φασι, διὰ τοῦ πυρὸς βαδίζουσα, κατασβέννυσι τὸ πῦρ.

VOIX MOYENNE.

THÈME 1.

I. Ὅτε εἷλε τὴν Θηβαίων πόλιν Ἀλέξανδρος, ἀπέδοτο τοὺς ἐλευθέρους πάντας.

II. Ἡρακλεῖ ἡ ἀρετὴ τὴν προςηγορίαν ἔθετο· Ἡρακλῆς γὰρ προςηγορεύθη, ὅτι δι' Ἥραν κλέος ἔσχεν.

III. Ὁ νόμος λέγει· Ὃ μὴ κατέθου, μὴ λάμβανε.

IV. Ξενοφῶντι θύοντι ἧκέ τις ἐκ Μαντινείας ἄγγελος, λέγων τὸν υἱὸν αὐτοῦ, τὸν Γρύλλον, τεθνάναι· κἀκεῖνος ἀπέθετο μὲν τὸν στέφανον, διετέλει δὲ θύων· ἐπεὶ δὲ ὁ ἄγγελος προςέθηκε καὶ ἐκεῖνο, ὅτι νικῶν τέθνηκε, πάλιν ὁ Ξενοφῶν ἐπέθετο τὸν στέφανον.

THÈME 2.

I. Ἡρακλῆς χειρωσάμενος τὸν ἐκ Νεμέας λέοντα, τὴν μὲν δορὰν ἠμφιέσατο; τῷ χάσματι δὲ ἐχρήσατο κόρυθι.

II. Οἱ Ἀθηναῖοι τὸν Πειραιᾶ ἐμπόριον ἐν μέσῳ τῆς Ἑλλάδος κατεστήσαντο.

III. Κακὸν οὐδὲν φύεται ἐν ἀνδρὶ θεμέλια θεμένῳ τοῦ βίου σωφροσύνην καὶ ἐγκράτειαν.

IV. Ἐν Τήνῳ κρήνη ἐστὶν, ἧς τῷ ὕδατι οἶνος οὐ μίγνυται.

V. Ἡ τῶν Ἀθηναίων πόλις πρώτη νόμους ἔθετο, καὶ πολιτείαν κατεστήσατο.

VI. Ἀρετὴ, κἂν θάνῃ τις, οὐκ ἀπόλλυται.

VOIX PASSIVE.

THÈME 1.

I. Ἑωράκαμεν ἀνθρώπους οἳ καὶ κυνῶν θανάτῳ καὶ ἵππων αἰσχρῶς ὑπὸ λύπης διετέθησαν.

II. Δάφνιν τὸν βουκόλον λέγουσι τεχθέντα ἐκτεθῆναι ἐν δάφνῃ, ὅθεν καὶ τὸ ὄνομα ἔλαβεν.

III. Οἱ ἑστιῶντες τὸν Ἀλέξανδρον τὸν Φιλίππου τῶν φίλων τὸ μέλλον παρατεθήσεσθαι τῶν τραγημάτων περιεχρύσουν.

IV. Ἐν Μακεδονίᾳ τοῦ Καράνου γάμους ἑστιῶντος, οἱ συγκεκλημένοι ἄνδρες ἦσαν εἴκοσιν· οἷς καὶ κατακλιθεῖσιν εὐθέως ἐδόθησαν φιάλαι ἀργυραῖ, ἑκάστῳ μία, δωρεά.

V. Ἡρακλῆς τὸν Ἐρυμάνθιον κάπρον διώξας μετὰ κραυγῆς εἰς χιόνα πολλὴν, παρειμένον ἐνεβρόχισεν.

THÈME 2.

I. Πλάτων πρὸς Ἀρίστιππον εἶπε· « Σοὶ μόνῳ δέδοται καὶ χλαμύδα εὖ φορεῖν καὶ ῥάκος. »

II. Πυθαγόρας ἔλεγε δύο ταῦτα ἐκ τῶν θεῶν τοῖς ἀνθρώποις δεδόσθαι κάλλιστα, τό τε ἀληθεύειν καὶ τὸ εὐεργετεῖν.

III. Ταῖς Μούσαις λέγουσι παρὰ Διὸς τὴν γραμμάτων εὕρεσιν δοθῆναι.

IV. Ὁ οἶνος εἰς τὴν ἰατρικὴν χρησιμώτατος· πολλάκις γὰρ τοῖς ποτοῖς φαρμάκοις κεράννυται.

V. Νεὼς ἐν Ῥώμῃ δείκνυται, οὐ πρόσω τῆς ἀγορᾶς, ἐν ᾧ αἱ εἰκόνες τῶν Τρωϊκῶν θεῶν κεῖνται.

THÈMES SUR QUELQUES VERBES IRRÉGULIERS OU DÉFECTIFS.

(Méthode, supplément § 246-253 *bis*.)

THÈME 1.

I. Κρεῖττον εἰς κόρακας ἢ εἰς κόλακας ἐμπεσεῖν· οἱ μὲν γὰρ νεκροὺς, οἱ δὲ ζῶντας ἐσθίουσιν.

II. Ἀπέκειρεν ἡμῶν ἡ χάλαζα βαρέως ἐμπεσοῦσα τὰ λήϊα, καὶ λιμοῦ φάρμακον οὐδέν.

III. Εἰπόντος τινὸς τῶν στρατιωτῶν πρὸς Πελοπίδαν· « Ἐμπεπτώκαμεν εἰς τοὺς πολεμίους· — Τί μᾶλλον, εἶπεν, ἢ εἰς ἡμᾶς ἐκεῖνοι; »

IV. Νῖνος Σεμίραμιν ἔγημε, τὴν ἐπιφανεστάτην ἁπασῶν τῶν γυναικῶν ὧν παρειλήφαμεν.

V. Ὁ Κάτων φησὶν αὐτὸς πλείονας εἰληφέναι πόλεις ὧν διήγαγεν ἡμερῶν ἐν Ἰϐηρίᾳ.

VI. Πολὺς ὁ χειμών· πάντα ἡ χιὼν κατείληφε, καὶ λευκανθίζουσιν οὐχ οἱ λόφοι μόνον, ἀλλὰ καὶ τὰ κοῖλα τῆς γῆς.

VII. Ὦ δαῖμον, ὅς με εἴληχας, ὡς πονηρὸς εἶ, καὶ λυπεῖς, ἀεὶ τῇ πενίᾳ συνδέων!

THÈME 2.

I. Εἰς τοῦτό τινες ἀνοίας ἐληλύθασιν, ὥςθ' ὑπειλήφασι τὴν μὲν ἀδικίαν ἐπονείδιστον μὲν εἶναι, κερδαλέαν δὲ, τὴν δὲ δικαιοσύνην, εὐδόκιμον μὲν, ἀλυσιτελῆ δέ.

II. Ἐὰν τὰ παρεληλυθότα μνημονεύῃς, ἄμεινον καὶ περὶ τῶν μελλόντων βουλεύσῃ.

III. Μαρσύας εὑρὼν αὐλοὺς, οὓς ἔῤῥιψεν Ἀθηνᾶ, ἦλθεν εἰς ἔριν περὶ μουσικῆς Ἀπόλλωνι.

IV. Σχολαστικὸς βουλόμενος περάσαι ποταμὸν, ἀνῆλθεν ἐς τὸ πλοῖον ἔφιππος· πυθομένου δέ τινος τὴν αἰτίαν, ἔφη σπουδάζειν.

V. Γαλατῶν στρατιὰ Μακεδονίαν καὶ Θεσσαλίαν ἐπέδραμε, καὶ πολλὰ λεηλατοῦντες εἰς τὴν Ἀσίαν διέβησαν.

THÈME 3.

I. Μακαριώτατον ἐν ἀνθρώποις εὐτυχοῦντα ἀποθανεῖν.

II. Ὁ Ἑλλήσποντος ἐκλήθη ἀπὸ τῆς Ἕλλης ἐν αὐτῷ θανούσης.

III. Περικλῆς τοὺς ἐν Σάμῳ τεθνηκότας ἐγκωμιάζων ἐπὶ τοῦ βήματος, ἀθανάτους ἔλεγε γεγονέναι, καθάπερ τοὺς θεούς.

IV. Ἀγίας ὁ Ἀρκὰς καὶ Σωκράτης ὁ Ἀχαιὸς συνηκολούθουν Κύρῳ τῷ νεωτέρῳ καὶ ἀπεθανέτην.

V. Τεθνάναι πολὺ κρεῖττον ἢ δι' ἀκρασίαν τὴν ψυχὴν ἀμαυρῶσαι.

VI. Ἡρακλῆς τυχὼν ἀθανασίας, καὶ διαλλαγεὶς Ἥρᾳ, τὴν ἐκείνης θυγατέρα Ἥβην ἔγημεν.

VII. Τὸ κάλλος ἢ χρόνος ἀνήλωσεν, ἢ νόσος ἐμάρανεν· ἡ δὲ τῆς ἀρετῆς κτῆσις συγγηράσκει.

VIII. Τίς οὐκ οἶδεν οἷα ἔπαθεν ὁ Προμηθεὺς, διότι καθ' ὑπερβολὴν φιλάνθρωπος ἦν;

IX. Δίκαια δράσας, συμμάχου τεύξῃ Θεοῦ.

THÈME 4.

I. Πολλὰ λυπηρὰ ὁ βίος ἐν ἑαυτῷ φέρει.

II. Ἀνὴρ σοφὸς τὰς ἐν βίῳ συμφορὰς ῥᾷον οἴσει τῶν ἄλλων.

III. Μέγιστον μὲν καὶ Θεοῦ μόνον τὸ ἀναμάρτητον· γενναίων δὲ, μετὰ τὸ ἁμάρτημα, ὡς τάχιστα ἀνενεγκεῖν.

IV. Θάμυρις κάλλει διενεγκὼν καὶ κιθαρῳδίᾳ, περὶ μουσικῆς ἤρισε Μούσαις.

THÈME 5.

I. Ὅτε οἱ Γαλάται κατέδραμον τὴν Ἰωνίαν καὶ τὰς πόλεις ἐπόρθουν, ἐν Μιλήτῳ Θεσμοφορίων ὄντων, καὶ συνηθροισμένων γυναικῶν ἐν τῷ ἱερῷ, ὃ βραχὺ τῆς πόλεως ἀπέχει, μέρος τι τῶν βαρβάρων διῆλθεν εἰς τὴν Μιλησίαν, καὶ ἐξαπιναίως ἐπιδραμὸν εἷλε τὰς γυναῖκας.

II. Ἡ Σφὶγξ, Οἰδίποδος τὸ αὐτῆς αἴνιγμα εὑρόντος, ἐκ σκοπέλου ἑαυτὴν ῥίψασα ἀνεῖλεν.

III. Ἀδμήτου μέλλοντος θανεῖν, Ἄλκηστις εἵλετο ὑπὲρ αὐτοῦ θάνατον.

IV. Λέγεται ὅτι ὁ Λερναῖος ὄφις πεντήκοντα κεφαλὰς εἶχε, σῶμα δὲ ἕν· καὶ ὁπότε Ἡρακλῆς ἀφέλοιτο κεφαλὴν μίαν, δύο ἀνεφύοντο.

V. Σχολαστικὸς οἰκίαν πριάμενος, τῆς θυρίδος προκύψας, ἠρώτα τοὺς παριόντας εἰ πρέπει αὐτῷ ἡ οἰκία.

VI. Φωκίωνι ὁ παῖς πλείω τῶν εἰωθότων ἐπρίατο· ὁ δὲ, « Οἰμώξῃ, ἔφη, ἐὰν τοῦ φαγεῖν πλείω ἐπιφαγεῖν παρασκευάζῃς. »

THÈME 6.

I. Γλαῦκος, ὁ Σισύφου υἱὸς, ὑφ' ἵππων κατεβρώθη.

II. Φασὶν Ἀκταίωνα μὲν ὑπὸ τῶν ἰδίων κυνῶν καταβρωθῆναι· πολλοὶ δὲ ὑπὸ κολάκων καὶ παρασίτων καταβιβρώσκονται.

III. Κύκνος, ὑπ' Ἀχιλλέως πληγεὶς λίθῳ, οὐκ ἐτρώθη· ὅθεν ἄτρωτος γεγονέναι λέγεται.

IV. Μίνως, ὁ Κρήτης βασιλεὺς, Δαίδαλον καὶ Ἴκαρον καθεῖρξε· Δαίδαλος δὲ, ποιήσας πτέρυγας προςθετὰς, ἐξέπτη μετὰ τοῦ Ἰκάρου· ὁ δὲ Ἴκαρος τελευτᾷ ἐν τῷ πελάγει· ὅθεν ἀπ' ἐκείνου Ἰκάριον πέλαγος ἐκλήθη.

V. Φρίξος, μαθὼν ὅτι ὁ πατὴρ αὐτὸν μέλλει θύειν, λαβὼν τὴν ἀδελφὴν αὐτοῦ, καὶ ἀναβὰς σὺν αὐτῇ ἐπὶ κριὸν, διὰ τῆς θαλάσσης ἀφίκετο εἰς τὸν Εὔξεινον πόντον.

THÈME 7.

I. Μηδέποτε μηδὲν αἰσχρὸν ποιήσας ἔλπιζε λήσειν· καὶ γὰρ ἂν τοὺς ἄλλους λάθης, σαυτῷ γε συνειδήσεις.

II. Πύῤῥος, ἐπεὶ συμβαλὼν τοῖς Ῥωμαίοις, δὶς ἐνίκησε, πολλοὺς τῶν φίλων καὶ ἡγεμόνων ἀπολέσας, « Ἂν ἔτι μίαν, ἔφη, μάχην Ῥωμαίους νικήσωμεν, ἀπολώλαμεν. »

III. Θεμιστοκλῆς, τῆς Ἑλλάδος ἐκπεσὼν, πλούσιος γενόμενος, πρὸς τοὺς παῖδας εἶπεν· « Ὦ παῖδες, ἀπωλόμεθα ἄν, εἰ μὴ ἀπολώλειμεν. »

IV. Οὐδεὶς ἀνθρώπων ἠξιώθη τοῖς Θεοῖς ὁμιλεῖν, πλὴν ὅσοι μετεσχήκασιν ἀρετῆς· Ἡρακλῆς γὰρ ταύτης χάριν ἀμβροσίας μετέσχεν.

V. Ἡ Ἑλένη πλεῖστον μέρος μετέσχηκε κάλλους.

VI. Δαναὸς, ἐξ Αἰγύπτου φυγὼν, Ἄργος κατέσχεν.

THÈMES DE RÉCAPITULATION

SUR TOUS LES VERBES.

INDICATIF. — PRÉSENT.

THÈME 1.

I. Οἱ Πέρσαι θύουσι πυρὶ, καὶ ἐπιφοροῦντες αὐτῷ τὴν πυρὸς τροφὴν, λέγουσι· « Πῦρ, δέσποτα, ἔσθιε. »

II. Οἱ Αἰγύπτιοι θηρία τιμῶσι, καὶ οἱ αὐτῶν θεοὶ ἀποθνήσκουσι, καὶ πενθοῦνται, καὶ δείκνυνται τάφοι θεῶν.

III. Τοῖς μὲν διὰ τοῦ ἡλίου πορευομένοις ἕπεται κατ' ἀνάγκην σκιά· τοῖς δὲ διὰ τῆς δόξης βαδίζουσιν ἀκολουθεῖ φθόνος.

IV. Τὸ ἐσθίειν πολλὰ τοὺς μὲν λογισμοὺς ἐξαιρεῖ, καὶ τὰς ψυχὰς ποιεῖται βραδυτέρας, ὀργῆς δὲ καὶ σκληρότητος ἐμπίμπλησιν.

V. Ὁ Ἀθάμας, δυναστεύων Βοιωτίας, ἐκ Νεφέλης τεκνοῖ μὲν παῖδα Φρίξον, θυγατέρα δὲ Ἕλλην· αὖθις δὲ Ἰνὼ γαμεῖ, ἐξ ἧς αὐτῷ Λέαρχος καὶ Μελικέρτης ἐγένοντο.

VI. Καὶ κυβερνήτης ἀγαθὸς ἐνίοτε ναυαγεῖ, καὶ ἀνὴρ σπουδαῖος ἀτυχεῖ.

IMPARFAIT.

THÈME 2.

I. Ἀριστοφάνης λέγει περὶ τοῦ Περικλέους, ὅτι ἤστραπτεν, ἐβρόντα, ξυνεκύκα τὴν Ἑλλάδα.

II. Ἐν τῷ Πελοποννησιακῷ πολέμῳ εἷς ἀνὴρ, ὁ Περικλῆς, ἐξώρθου τὴν πόλιν, καὶ ἀνίστη, καὶ ἀντετάττετο καὶ τῷ λοιμῷ καὶ τῷ πολέμῳ.

FUTUR.

THÈME 3.

I. Ὁ Ζεὺς, τοῖς θεοῖς ἀπειλήσας, « Ἢν ἐθελήσω, ἔφη, ἐγὼ μὲν ἐκ τοῦ οὐρανοῦ σειρὰν καθήσω, ὑμεῖς δ', ἣν ἀποκρεμασθέντες βιάζησθέ με, μάτην πονήσετε : οὐ γὰρ δὴ καθελκύσετε· εἰ δ' ἐγὼ ἐθελήσαιμι, οὐ μόνον ὑμᾶς, ἀλλὰ καὶ τὴν γῆν ἅμα καὶ τὴν θάλασσαν συναρτήσας μετεωριῶ. »

II. Πυθαγόρας ὁ Σάμιος πρῶτος ἐν τοῖς Ἕλλησιν ἐτόλμησεν εἰπεῖν, ὅτι τὸ μὲν σῶμα τεθνήξεται, ἡ δὲ ψυχὴ ἀναπτᾶσα οἰχήσεται ἀθάνατος καὶ ἀγήρως.

III. Ἐμπεδοκλῆς, τὴν τῶν Ἀκραγαντίνων τρυφὴν ἰδὼν, ἔλεγεν· « Ἀκραγαντῖνοι τρυφῶσι μὲν ὡς αὔριον ἀποθανούμενοι, οἰκίας δὲ κατασκευάζονται ὡς πάντα τὸν χρόνον βιωσόμενοι. »

IV. Ἡρακλῆς, τὴν Ἡσιόνην ἰδὼν κήτει ἐκκειμένην, ὑπέσχετο σώσειν αὐτὴν, εἰ τὰς ἵππους τοῦ Λαομέδοντος λήψεται.

AORISTE.

THÈME 4.

I. Κόνων, τῇ περὶ Κνίδον ναυμαχίᾳ νικήσας Λακεδαιμονίους, ἑκατόμβην θύσας, πάντας Ἀθηναίους εἱστίασε.

II. Τίς λοιμὸς ἢ σεισμὸς τοσαύτας πόλεις ἐκένωσεν, ἢ τοσαῦτα γένη ἀνθρώπων ἠφάνισεν ἢ κατέδυσεν, ὅσα ἡ φιλοτιμία καὶ ἡ τρυφή;

III. Ἀθηνᾶ Κάδμῳ βασιλείαν κατεσκεύασε· Ζεὺς δὲ ἔδωκεν αὐτῷ γυναῖκα Ἁρμονίαν, καὶ πάντες θεοὶ, καταλιπόντες τὸν οὐρανὸν, ἐν τῇ Καδμείᾳ τὸν γάμον εὐωχούμενοι ἀνύμνησαν.

IV. Ὁ Ξέρξης τῷ στρατοπέδῳ ἔπλευσε μὲν διὰ τῆς ἠπείρου, ἐπέζευσε δὲ διὰ τῆς θαλάσσης, τὸν μὲν Ἑλλήσποντον ζεύξας, τὸν δὲ Ἄθω διορύξας.

THÈME 5.

I. Ἀλέξανδρος, ὅτε ἐνίκησε Δαρεῖον, ἀπέστειλε τοῖς Ἕλλησι θεὸν αὐτὸν ψηφίσασθαι.

II. Ἥρα δύο δράκοντας ἀπέστειλεν, ἀναλώσοντας Ἡρακλέα, ἔτι βρέφος ὄντα· ὁ δὲ παῖς, οὐ καταπλαγείς, ἑκατέρᾳ τῶν χειρῶν τὸν αὐχένα σφίγξας, ἀπέπνιξε τοὺς δράκοντας.

III. Τὼ Ἀλωέως παῖδε, ἀτασθάλω ὄντε, δίκας ἐτισάτην, ἣ κλίμακα ἐπὶ τὸν οὐρανὸν ἐποιησάσθην.

IV. Πολλὰ ἦσαν ἐν τοῖς παλαιοῖς χρόνοις θεῶν ἀγάλματα, ὧν τὰ μὲν δι' ἔκπληξιν ἐσεβάσθη, τὰ δὲ διὰ τὸ κάλλος ἐπηνέθη.

V. Μηδέποτε ἐπὶ μηδενὸς εἴπῃς, ὅτι « ἀπώλεσα αὐτὸ, » ἀλλ' ὅτι « ἀπέδωκα· » τὸ παιδίον ἀπέθανεν; ἀπεδόθη· τὸ χωρίον ἀφῃρέθη; οὐκοῦν καὶ τοῦτο ἀπεδόθη. — Ἀλλὰ κακὸς ὁ ἀφελόμενος. — Τί δέ σοι μέλει διὰ τίνος σε ὁ δοὺς ἀπῄτησε; μέχρι δ' ἂν διδῷ, ὡς ἀλλοτρίου αὐτοῦ ἐπιμελοῦ, ὡς τοῦ πανδοχείου οἱ παριόντες.

VI. Ἀκταίων τραφεὶς παρὰ Χείρωνι, κυνηγὸς ἐδιδάχθη, καὶ ὕστερον κατεβρώθη ἐν τῷ Κιθαιρῶνι ὑπὸ τῶν ἰδίων κυνῶν.

PARFAIT. PLUS-QUE-PARFAIT.

THÈME 6.

I. Τὰ χρήματα τοῖς πλουσίοις ἡ τύχη οὐ δεδώρηται, ἀλλὰ δεδάνεικεν.

II. Ἀλεξάνδρου ἡ σκηνὴ πολυτελὴς ἦν· χρυσοῖ γὰρ κίονες διειλήφεσαν αὐτὴν, καὶ τὸν ὄροφον διάχρυσος ἦν, καὶ ἐκπεπόνητο ποικίλμασι πολυτελέσι· καὶ πρῶτοι μὲν Πέρσαι πεντακόσιοι περὶ αὐτὴν εἱστήκεσαν, πορφυρᾶς καὶ μηλίνας ἠσθημένοι στολάς· ἐπ' αὐτοῖς δὲ τοξόται χίλιοι, φλόγινα ἐνδεδυκότες καὶ ὑσγινοβαφῆ.

IMPÉRATIF.

PRÉSENT. AORISTE. PARFAIT.

THÈME 7.

I. Γνῶθι σαυτόν. — Μὴ πολλὰ λάλει· ἡ γλῶσσά σου μὴ προτρεχέτω τοῦ νοῦ.

II. Τοὺς πρεσβυτέρους σέβου. — Θυμοῦ κράτει. — Ἀδικούμενος διαλλάσσου.

III. Φίλων παρόντων καὶ ἀπόντων μέμνησο. — Τὸν τετελευτηκότα μακάριζε.

IV. Ἀγάπα τὸν πλησίον. — Νόμῳ πείθου. — Θεὸν σέβου. — Γονεῖς αἰδοῦ. — Κακίας ἀπέχου. — Χρόνου φείδου. — Ὅρα τὸ μέλλον. — Σοφοῖς χρῶ. — Ἄρχε σεαυτοῦ.

V. Λαβὼν ἀπόδος. — Τὸ συμφέρον δικαίως θηρῶ. — Ἐπὶ ῥώμης μὴ καυχῶ. — Κακοῖς μὴ προσομίλει ἀνδράσιν, ἀλλ' ἀεὶ τῶν ἀγαθῶν ἔχου. — Θεὸν δείδιθι. — Ἐπίορκον μὴ ἐπόμνυθι.

VI. Ὁ μὲν ληστὴς οὗτος ἐς τὸν Πυριφλεγέθοντα ἐμβεβλήσθω· ὁ δ' ἱερόσυλος ὑπὸ τῆς Χιμαίρας διασπασθήτω· ὁ δὲ τύραννος ὑπὸ τῶν γυπῶν κειρέσθω τὸ ἧπαρ· ὑμεῖς δὲ οἱ ἀγαθοὶ ἄπιτε ἐς τὸ Ἠλύσιον πεδίον, καὶ τὰς μακάρων νήσους κατοικεῖτε, ἀνθ' ὧν δίκαια ἐποιεῖτε κατὰ τὸν βίον.

VII. Οἱ πλούσιοι ὑπὲρ τῶν φίλων τῶν πενήτων τὰ χρέα διαλυθόντων καὶ τὸ ἐνοίκιον οἵτινες ἂν ὀφείλοντες μὴ ἔχωσι καταβαλεῖν.

SUBJONCTIF.

PRÉSENT. AORISTE. PARFAIT.

THÈME 8.

I. Σωκράτης λέγει τῶν ἄλλων ἀνθρώπων διαφέρειν, καθόσον οἱ μὲν ζῶσιν ἵν' ἐσθίωσιν, αὐτὸς δὲ ἐσθίει ἵνα ζῇ.

II. Θεώρει ὥςπερ ἐν κατόπτρῳ τὰς σαυτοῦ πράξεις, ἵνα τὰς μὲν καλὰς ἐπικοσμῇς, τὰς δ' αἰσχρὰς καλύπτῃς.

III. Ὁ Πιττακὸς τῷ μεθύοντι, ἐὰν ἁμάρτῃ, διπλῆν ζημίαν ἔθηκεν, ἵνα μὴ μεθύοιεν οἱ πολῖται.

IV. Τὸν οἶνον ἢν πίνῃ τις μετρίως, τὸ σῶμα ὤνησε, τὴν δὲ ψυχὴν οὐκ ἔβλαψεν· ἢν δὲ πίνῃ πρὸς ὑπερβολὴν, καὶ ἤδη μεθύσκηται, αἰσχρὰ πάσχει, καὶ γελοῖον θέαμα τοῖς ἄλλοις παρέχει.

THÈME 9.

I. Ἀπόλλων ᾐτήσατο παρὰ τῶν Μοιρῶν, ἵνα, ὅταν Ἄδμητος μέλλῃ τελευτᾷν, ἀπολυθείη τοῦ θανάτου, ἂν ἑκουσίως τις ὑπὲρ αὐτοῦ θνήσκειν ἔλθηται.

II. Πομπηΐου καὶ Καίσαρος διαστάντων, ὁ Κικέρων ἔφη· « Γιγνώσκω ὃν φύγω, μὴ γιγνώσκων πρὸς ὃν φύγω. »

III. Οἱ δραπέται, κἂν μὴ διώκωνται, φοβοῦνται, οἱ δὲ ἄφρονες, κἂν μὴ κακῶς πράττωσι, ταράττονται.

THÈME 10.

I. Οἱ Κρῆτες τοὺς παῖδας μανθάνειν τοὺς νόμους κελεύουσι μετά τινος μελῳδίας, ἵνα ἐκ τῆς μουσικῆς ψυχαγωγῶνται, καὶ εὐκολώτερον αὐτοὺς τῇ μνήμῃ παραλαμβάνωσιν.

II. Διογένης, ἰδὼν τοξότην ἀφυῆ, παρὰ τὸν σκοπὸν ἐκάθισεν, εἰπών· « Ἵνα μὴ πληγῶ. »

III. ..... Χωρὶς τῶν ἀναγκαίων κακῶν,
αὐτοὶ παρ' αὑτῶν ἕτερα προςπορίζομεν·
λυπούμεθ', ἢν πτάρῃ τις· ἢν εἴπῃ κακῶς,
ὀργιζόμεθ'· ἢν ἴδῃ τις ἐνύπνιον, σφόδρα
φοβούμεθ'· ἢν γλαὺξ ἀνακράγῃ, δεδοίκαμεν.

IV. Οἱ Ἀθηναῖοι ἐψηφίσαντο Αἰγινητῶν ἑκάστῳ τὸν μέγαν ἀποκόψαι τῆς χειρὸς δάκτυλον τῆς δεξιᾶς, ἵνα δόρυ μὲν βαστάζειν μὴ δύνωνται, κώπην δὲ ἐλαύνειν δύνωνται.

V. Σοφὸς ὁ ἀεὶ ὀῤῥωδήσας μή τι ἠδικηκὼς ᾖ.

VI. Ἢν τῆς πατρίδος μεμνημένοι ὦμεν, ἄνδρες ἑκάστοτε γενησόμεθα.

OPTATIF.

PRÉSENT. AORISTE.

THÈME 11.

I. Σωκράτης ἔλεγε τοὺς μὲν ἄλλους ἀνθρώπους ζῆν, ἵνα ἐσθίοιεν, αὐτὸς δὲ ἐσθίειν, ἵνα ζῴη.

II. Ὁ αὐτὸς ἠξίου τοὺς νέους συνεχῶς κατοπτρίζεσθαι, ἵν', εἰ μὲν καλοὶ εἶεν, ἄξιοι γίγνοιντο· εἰ δὲ αἰσχροὶ, παιδείᾳ τὴν δυσείδειαν ἐπικαλύπτοιεν.

III. Σόλων ἐρωτηθεὶς, πῶς ἂν μὴ γίγνοιτο ἀδίκημα ἐν τῇ πόλει, εἶπεν· « Εἰ ὁμοίως ἀγανακτοῖεν οἱ μὴ ἀδικούμενοι τοῖς ἀδικουμένοις. »

THÈME 12.

I. Πυθαγόρας, ἐρωτηθεὶς πῶς ἂν οἰνόφλυξ τοῦ μεθύειν παύσαιτο, « Εἰ συνεχῶς, ἔφη, θεωροίη τὰ ὑπ' αὐτοῦ πρασσόμενα. »

II. Ἀνάχαρσις, ἐρωτηθεὶς πῶς ἄν τις μὴ μεθύσκοιτο, « Εἰ, ἔφη, ὁρῴη τοὺς μεθύοντας οἷα ποιοῦσι. »

III. Θεόπομπος πρὸς τὸν ἐρωτήσαντα πῶς ἄν τις ἀσφαλῶς τηροίη τὴν βασιλείαν, « Εἰ τοῖς μὲν φίλοις, ἔφη, μεταδιδοίη παῤῥησίας δικαίας, τοὺς δὲ ἀρχομένους κατὰ δύναμιν μὴ περιορῴη ἀδικουμένους. »

THÈME 13.

I. Εὐαγόρας τοσοῦτον ταῖς τοῦ σώματος καὶ ταῖς τῆς ψυχῆς ἀρεταῖς διήνεγκεν, ὥστε, ὁπότε μὲν αὐτὸν ὁρῷεν οἱ τότε βασιλεύοντες, ἐκπλήττεσθαι καὶ φοβεῖσθαι περὶ τῆς ἀρχῆς· ὁπότε δὲ εἰς τοὺς τρόπους ἀποβλέψαιεν, οὕτω σφόδρα πιστεύειν, ὥστε καὶ, εἴ τις ἄλλος τολμῴη περὶ αὐτοὺς ἐξαμαρτάνειν, νομίζειν Εὐαγόραν αὐτοῖς ἔσεσθαι βοηθόν.

II. Οἱ ποιηταὶ τοιούτους λόγους περὶ τῶν θεῶν εἰρήκασιν, οὓς οὐδεὶς ἂν περὶ τῶν ἐχθρῶν τολμήσειε λέγειν.

THÈME 14.

I. Εὐκλείδης ὁ Σωκρατικὸς, ἀκούσας τοῦ ἀδελφοῦ λέγοντος· « Ἀπολοίμην, εἰ μή σε τιμωρησαίμην! — Ἐγὼ δὲ, εἶπεν, εἰ μή σε φιλεῖν ἡμᾶς πείσαιμι! »

II. Εἴ τις τὸν τῆς εὐκλείας ἔρωτα ἐκβάλοι ἐκ τοῦ βίου, τί ἂν ἔτι ἀγαθὸν ἡμῖν γένοιτο, ἢ τίς ἄν τι λαμπρὸν ἐργάσασθαι ἐπιθυμήσειεν.

III. Τῷ αὐτῷ φυσήματι τὸ μὲν πῦρ ἀνακαύσειας ἂν, καὶ μεῖζον ποιήσειας ἐν βραχεῖ, καὶ τὸ τοῦ λύχνου φῶς ἀποσβέσειας.

IV. Μάλιστα ἂν εὐδοκιμοίης, εἰ φαίνοιο ταῦτα μὴ πράττων, ἃ τοῖς ἄλλοις ἂν πράττουσιν ἐπιτιμῴης.

V. Εἰ ἅπαντες μιμησαίμεθα τὴν Λακεδαιμονίων ἀργίαν καὶ πλεονεξίαν, εὐθὺς ἂν ἀπολοίμεθα· εἰ δὲ τοῖς τῶν Αἰγυπτίων χρῆσθαι νομίμοις βουληθείημεν, εὐδαιμόνως ἂν τὸν βίον διατελοῖμεν.

VI. Οὐκ ἂν δύναιο, μὴ καμὼν, εὐδαιμονεῖν.

INFINITIF. — PRÉSENT.

THÈME 15.

I. Ἐδιδάχθη Ἡρακλῆς ἁρματηλατεῖν μὲν ὑπὸ Ἀμφιτρύωνος· παλαίειν δὲ ὑπὸ τοῦ Αὐτολύκου· τοξεύειν δὲ ὑπὸ Εὐρύτου· ὁπλομαχεῖν δὲ ὑπὸ Κάστορος· κιθαρῳδεῖν δὲ ὑπὸ Λίνου· οὗτος δὲ ὑπὸ Ἡρακλέους τῇ κιθάρᾳ πληγεὶς ἀπέθανεν· ἐπιπλήξαντα γὰρ αὐτὸν ὀργισθεὶς ἀπέκτεινεν.

II. Μέγα κακὸν τὸ μὴ δύνασθαι φέρειν κακόν.

THÈME 16.

I. Πυθαγόρας λέγεται παρεγγυᾶν τοῖς μαθηταῖς τοὺς πρεσβυτέρους τιμᾶν, μὴ ὀμνύναι θεοὺς, φυτὸν ἥμερον μήτε φθείρειν, μήτε σίνεσθαι, μνήμην ἀσκεῖν, ἐν ὀργῇ μήτε τι λέγειν, μήτε πράσσειν, ἀνομίᾳ πολεμεῖν.

II. Χείλων, εἷς τῶν ἑπτὰ σοφῶν, προσέταττε γλώττης κρατεῖν, μὴ κακολογεῖν τοῖς πλησίον, γῆρας τιμᾶν, ζημίαν αἱρεῖσθαι μᾶλλον ἢ κέρδος αἰσχρὸν, ἀτυχοῦντι μὴ ἐπιγελᾶν, νόμοις πείθεσθαι.

AORISTE. PARFAIT.

THÈME 17.

I. Κάδμον φασὶ τὸν Ἀγήνορος ἐκ Φοινίκης ὑπὸ τοῦ βασιλέως ἀποσταλῆναι πρὸς ζήτησιν τῆς Εὐρώπης, ἐντολὰς λαβόντα, ἢ τὴν παρθένον ἀγαγεῖν, ἢ μὴ ἀνακάμπτειν εἰς τὴν Φοινίκην· μὴ δυνάμενον δὲ ἀνευρεῖν, ἀπογνῶναι τὴν ἐς οἶκον ἀνακομιδὴν, καὶ κατά τινα χρησμὸν κτίσαι τὰς Θήβας· ἐνταῦθα δὲ κατοικήσαντα γῆμαι μὲν Ἁρμονίαν, γεννῆσαι δὲ ἐξ αὐτῆς Σεμέλην, καὶ Ἰνὼ, καὶ Αὐτονόην, καὶ Ἀγαύην.

THÈME 18.

I. Λέγεται Ἐμπεδοκλῆς εἰς τοὺς κρατῆρας τῆς Αἴτνης ἐνάλλεσθαι, καὶ ἀφανισθῆναι, βουλόμενος τὴν περὶ αὐτοῦ φήμην βεβαιῶσαι, ὅτι γεγόνοι θεός· ὕστερον δὲ γνωσθῆναι, ἀναῤῥιπισθείσης αὐτοῦ μιᾶς τῶν κρηπίδων· χαλκᾶς γὰρ εἰθιστο ὑποδεῖσθαι.

II. Τὸ μὲν ἐγκαλέσαι καὶ ἐπιτιμῆσαι ῥᾴδιον· τὸ δὲ ὅπως τὰ παρόντα βελτίω γένηται συμβουλεῦσαι, τοῦτ' ἔμφρονος συμβούλου ἔργον.

III. Θεὸν μὲν νοῆσαι χαλεπὸν, φράσαι δὲ ἀδύνατον· τὸ γὰρ ἀσώματον σώματι σημῆναι ἀδύνατον.

THÈME 19.

I. Οἱ Ἀθηναῖοι τὸν Ἐριχθόνιον ἐκ τῆς γῆς ἀναδοθῆναί φασι, καὶ τοὺς πρώτους ἀνθρώπους ἐκ τῆς Ἀττικῆς ἀναφῦναι· οἱ Θηβαῖοι δὲ ἐξ ὄφεως ὀδόντων ἄνδρας ἀναβεβλαστηκέναι λέγουσιν.

II. Οἱ Νάξιοι μυθολογοῦσι τὸν Διόνυσον παρ' αὐτοῖς τραφῆναι· καὶ διὰ τοῦτο τὴν νῆσον αὐτῷ γεγονέναι προςφιλεστάτην.

III. Λόγος ἐστὶ Δῆλον τὴν νῆσον, πρὶν μὲν ἀνθρώποις φανῆναι τὸν Ἀπόλλωνα, τῷ πελάγει κρύπτεσθαι, φανέντος δὲ τοῦ Θεοῦ, ἀναδραμεῖν ἐκ τῶν βυθῶν, καὶ στῆναι ἐν μέσοις τοῖς κύμασιν.

THÈME 20.

I. Ἀναξαγόρας λέγεται ἀσεβείας κριθῆναι, διότι τὸν ἥλιον μύδρον ἔλεγε διάπυρον· ἀπολογησαμένου δὲ ὑπὲρ αὐτοῦ Περικλέους, πέντε ταλάντοις ζημιωθῆναι, καὶ φυγαδευθῆναι.

II. Σχολαστικὸς νοσοῦντα ἐπισκεπτόμενος, ἠρώτα περὶ τῆς ὑγιείας· ὁ δὲ οὐκ ἠδύνατο ἀποκριθῆναι· ὀργισθεὶς οὖν, « Ἐλπίζω, ἔφη, κἀμὲ νοσήσειν, καὶ ἐλθόντι σοὶ μὴ ἀποκρινεῖσθαι. »

III. Λέγεται τὴν Χίμαιραν τραφῆναι μὲν ὑπὸ Ἀμισωδάρου, γεννηθῆναι δὲ ἐκ Τυφῶνος καὶ Ἐχίδνης.

IV. Ξέρξης, ὡς ἐπύθετο τὸν Ἑλλήςποντον ἐζεῦχθαι, καὶ τὸν Ἄθω διεσκάφθαι, προῆγεν ἐκ τῶν Σάρδεων.

V. Ὁ Πλάτων τοῖς μεθύουσι συνεβούλευε κατοπτρίζεσθαι· ἀποστήσεσθαι γὰρ τῆς τοιαύτης ἀσχημοσύνης.

PARTICIPE.

PRÉSENT. AORISTE. PARFAIT.

THÈME 21.

I. Καὶ ζῶν ὁ φαῦλος καὶ θανὼν κολάζεται.

II. Οἱ δελφῖνες ἀνασκιρτῶντες χειμῶνα ἐπιόντα μηνύουσιν.

III. Οἱ περὶ τὴν Σαλαμῖνα διατρίβοντες Ἀθηναῖοι, θεωροῦντες τὴν Ἀττικὴν πυρπολουμένην, καὶ τὸ τέμενος τῆς Ἀθηνᾶς ἀκούοντες κατεσκάφθαι, δεινῶς ἠθύμουν.

IV. Δαίδαλος πρῶτος τῶν ἀγαλμάτων τὰ σκέλη διαβεβηκότα, καὶ τὰς χεῖρας διατεταμένας ποιῶν, ζῶντα ἀγάλματα κατασκευάζεσθαι ἐλέγετο· οἱ γὰρ πρὸ αὐτοῦ τεχνῖται κατεσκεύαζον τὰ ἀγάλματα τοῖς μὲν ὄμμασι μεμυκότα, τὰς δὲ χεῖρας ἔχοντα καθειμένας, καὶ ταῖς πλευραῖς κεκολλημένας.

THÈME 22.

I. Βασκάνου τινὸς ἐσκυθρωπακότος, ὁ Βίων, « Ἢ τούτῳ, ἔφη, κακὸν γέγονεν, ἢ ἄλλῳ ἀγαθόν. »

II. Ὁ αὐτὸς πρὸς τὸν τὰ χωρία κατεδηδοκότα, « Τὸν μὲν Ἀμφιάραον, ἔφη, ἡ γῆ κατέπιε, σὺ δὲ τὴν γῆν. »

III. Τὸν Μίνω βεβασιλευκότα νομιμώτατα, καὶ μάλιστα δικαιοσύνης πεφροντικότα, δικαστὴν καθ' ᾅδου ἀποδεδεῖχθαι λέγουσι.

IV. Τὰ παιδία, ἄχρι γένηται τετταράκοντα ἡμερῶν, ἐγρηγορότα μὲν οὐ γελᾷ, οὐδὲ δακρύει, ὑπνοῦντα δὲ ἀμφότερα.

THÈME 23.

I. Λάμαχος ἐπετίμα τινὶ τῶν λοχαγῶν ἁμαρτόντι· τοῦ δὲ φήσαντος μηκέτι τοῦτο ποιήσειν, « Οὐκ ἔστιν, εἶπεν, ἐν πολέμῳ δὶς ἁμαρτεῖν. »

II. Δημοσθένης, λοιδορουμένου τινὸς αὐτῷ, « Οὐ συγκαταβαίνω, εἶπεν, εἰς ἀγῶνα, ἐν ᾧ ὁ ἡττώμενος τοῦ νικῶντός ἐστι κρείττων. »

III. Εἴ τις οἴεται τερπνότερον εἶναι τὸν ἐν ἄστει βίον τοῦ ἐν ἀγροῖς, ἐνθυμηθήτω πρὸς ἑαυτὸν, οἷον μέν ἐστι βότρυς ὁρᾷν ἐξ ἀμπέλου κρεμαμένους, οἷον δὲ ἰδεῖν λήϊα ζεφύρων αὔραις κινούμενα, οἷον δὲ ἀκοῦσαι βοῶν μυκωμένων καὶ προβάτων βληχωμένων, οἷον δὲ θέαμα δαμάλεις σκιρτῶσαι καὶ ἕλκουσαι γάλα· ἐμοὶ γὰρ δοκεῖ τὰ ἐν τοῖς θεάτροις δεικνύμενα μηδὲν εἶναι πρὸς τὴν ἀπ' ἐκείνων ἡδονήν.

THÈME 24.

I. Μυθολογοῦσι τὴν Δήμητραν, μὴ δυναμένην εὑρεῖν τὴν θυγατέρα, λαμπάδας ἐκ τῶν κατὰ τὴν Αἴτνην κρατήρων ἀναψαμένην, ἐπελθεῖν ἐπὶ πολλὰ μέρη τῆς οἰκουμένης, τῶν δ' ἀνθρώπων τοὺς μάλιστα ταύτην προςδεξαμένους εὐεργετῆσαι, τὸν τῶν πυρῶν καρπὸν ἀντιδωρησαμένην.

II. Τοῦ Κρόνου τὰ ἑαυτοῦ τέκνα κατεσθίοντος, ὁ Ζεὺς, κλαπεὶς ὑπὸ τῆς Ῥέας, καὶ ἐς τὴν Κρήτην ἐκτεθεὶς, ὑπ' αἰγὸς ἀνετράφη.

III. Ὁ Ἴκαρος, ὁ τοῦ Δαιδάλου υἱὸς, τακέντος αὐτῷ τοῦ κηροῦ, καὶ τῶν πτερῶν περιῤῥυέντων, εἰς τὸ πέλαθος ἐνέπιπτεν.

IV. Περικλῆς ἔλεγεν ὡς δένδρα μὲν τμηθέντα καὶ κοπέντα ταχέως φύεται, οὐ δὲ ῥάδιον ἐστὶν ἄνδρας διαφθαρέντας αὖθις τυχεῖν.

THÈME 25.

I. Τῶν Τρωῶν πολιορκουμένων, Ἐπειὸς κατὰ τὴν Ἀθηνᾶς προαίρεσιν δούρειον ἵππον κτίζει, Σίνων δὲ αἰκισθεὶς κατάσκοπος εἰς Ἴλιον παραγίνεται. Ἔπειτα τοὺς ἀρίστους εἰς τὸν δούρειον ἵππον ἐμβιβάσαντες καὶ σκηνὰς καταφλέξαντες οἱ λοιποὶ τῶν Ἑλλήνων εἰς Τένεδον ἀνάγονται. Οἱ δὲ Τρῶες τῶν κακῶν ἀπαλλαχθῆναι ὑπολαβόντες εἰς τὴν πόλιν τὸν δούρειον ἵππον ἀναδέχονται μέρος τι τοῦ τείχους διελόντες.

II. Οἱ Τρῶες τὰ περὶ τὸν δούρειον ἵππον ὑπόπτως ἔχοντες ὅ τι χρὴ ποιεῖν περιστάντες βουλεύονται. Τοῖς μὲν αὐτὸν κατακρημνίζειν, τοῖς δὲ καταφλέγειν δοκεῖ· οἱ δὲ ἔφασαν δεῖν αὐτὸν ἱερὸν ἀνατεθῆναι, καὶ τέλος τούτων ἡ γνώμη νικᾷ. Τραπέντες δὲ τότε εἰς εὐφρασύνην εὐωχοῦνται ὡς τοῦ πολέμου ἀπηλλαγμένοι.

III. Ἐν αὐτῷ δὲ χρόνῳ δύο δράκοντες ἐπιφανέντες Λαοκόωντά τε καὶ τὸν ἕτερον τῶν αὐτοῦ παίδων διαφοροῦσιν. Οἱ δὲ περὶ Αἰνείαν, ἐπὶ τῷ τέρατι δυςφορήσαντες, εἰς Ἴδην ὑπεξῆλθον, Σίνων δὲ πρότερον προςποίητος εἰςεληλυθὼς τοὺς πυρσοὺς τοῖς Ἀχαίοις ἀνίσχει. Οἱ δὲ ἐκ Τενέδου προςπλεύσαντες, καὶ οἱ ἐκ τοῦ δουρείου ἵππου ἐξελθόντες ἐπιπίπτουσι τοῖς πολεμίοις, καὶ πολλοὺς ἀνελόντες, κατὰ κράτος τὴν πόλιν λαμβάνουσι.

EXERCICES GÉNÉRAUX

OU

RÉCAPITULATION

DE THÈMES TIRÉS DE L'HISTOIRE ROMAINE D'EUTROPE.

I.

Περὶ τῆς Ῥώμης κτίσεως. (754-753 av. J. C.)

Τῆς Ῥωμαϊκῆς βασιλείας ἐν προοιμίοις οὐδὲν ἐγένετο μεῖόν τε καὶ ταπεινότερον· τῇ δὲ κατὰ μικρὸν αὐξήσει, καὶ ταῖς ἀεὶ προςθήκαις, κατὰ τὴν οἰκουμένην ἅπασαν, οὐδὲν οὔτε μεῖζον οὔτε δυνατώτερον ἡ μνήμη τῶν ἀνθρώπων φέρει· ταύτης τὴν πρώτην κρηπῖδα κατεβάλετο Ῥωμύλος, ὃς ἐκ Ῥέας Σιλβίας, οὕτω καλουμένης ἑστιακῆς παρθένου, τῷ Ἄρει συνοικησάσης, ὡς ὁ πολὺς κατεῖχε λόγος, ἐκ διδύμου γονῆς σὺν ἀδελφῷ Ῥέμῳ προῆλθεν εἰς φῶς.

Οὗτος ὀκτωκαίδεκα γεγονὼς ἔτη, βίον τε ἔχων τοῖς ποιμέσι συλληστεύειν, ἐλάχιστόν τι πολίχνιον ἐπὶ τοῦ ὄρους τοῦ Παλαντίου κατεστήσατο, τῇ πρὸ ἕνδεκα καλανδῶν μαΐων [1], ἔτει τρίτῳ τῆς ἕκτης ὀλυμπιάδος, τῆς δὲ Ἰλίου καταστροφῆς ἔτει τετάρτῳ καὶ ἐννενηκοστῷ καὶ τριακοσιοστῷ.

1. Pæanius dit πρώτῃ τοῦ μαΐου μηνός, date contraire au texte d'Eutrope et des meilleurs auteurs. J'ai suivi Plut. *in Rom*. t. I, p. 42, edit. H. Steph.

II.

Τὰ ἑξῆς.

Οἰκίσας δὲ τὴν πόλιν, καὶ καλέσας αὐτὴν ἐξ αὐτοῦ Ῥώμην, πρῶτον μὲν πολὺ πλῆθος ἐκ τῶν περιοίκων εἰςεδέξατο, ἔπειτα δὲ τοὺς προβεβηκότας εἰς ἡλικίαν ἐκλεξάμενος, τούτους ἐπέστησε τοῖς λοιποῖς ἡγεμόνας τῶν πρακτέων, σενάτωρας αὐτοὺς καλέσας διὰ τὸ γῆρας.

Ἀλλ' ἐπειδὴ αὐτός τε καὶ τὸ πλῆθος ἐστεροῦντο γυναικῶν, παρακαλέσας ὡς ἐπί τινα θέαν γειτνιῶντα τῶν ἐθνῶν, τὰς παρθένους αὐτῶν ἥρπασε· πόλεμον δὲ τὸ ἔργον ἐκίνησεν, οὗ συστάντος, ἡττῶνται Καινιναῖοι, καὶ Ἀντεμνάται, Κρουστουμῖνοι, Σαβῖνοι, Φιδηνάται, Βέειοι· ταύταις ἔτι καὶ νῦν ἡ Ῥώμη ταῖς πόλεσι περιεστεφάνωται.

Τούτων οὕτω πραχθέντων, χειμὼν ἐξαίφνης ἐπελθὼν, ἀφανῆ τὸν Ῥωμύλον ἐποίησεν· ἐξ ἐκείνου δὲ εἰς τόδε πεπίστευται πρὸς θεοὺς ἀνειλῆφθαι· καθιερώθη οὖν παρὰ τῶν ἀρχομένων, ἔτη βασιλεύσας αὐτῶν ἑπτὰ καὶ τριάκοντα· καὶ τέως μὲν τὴν πόλιν διεῖπον καὶ τὴν βασιλείαν ἐπετρόπευον οἱ καλούμενοι σενάτωρες, ἐπὶ ἐνιαυτὸν ὅλον ἐξ ἀμοιβῆς δι' ἡμερῶν πέντε, τῆς ἐπιτροπείας ἀπ' ἄλλων εἰς ἄλλους μεθισταμένης.

III.

Νουμᾶς Πομπίλιος δεύτερος τῶν Ῥωμαίων βασιλεύς. (An 37 de R. = 716 av. J. C.)

Μετὰ δὲ τὸν ἐνιαυτὸν, Νουμᾶς Πομπίλιος ἀνεῤῥέθη βασιλεύς· οὗτος πολέμου μὲν ἀπέσχετο παντὸς, τῇ Ῥώμῃ δὲ οὐχ ἧττον ἢ Ῥωμύλος ἐγένετο χρήσιμος· νόμους τε γὰρ αὐτοῖς ἔθηκεν, ἔθη τε παρέδωκεν, ἀφ' ὧν, λησταί τινες πρότερον ὑπειλημμένοι καὶ μιξοβάρβαροι, ἀμεινόνων ἀνδρῶν δόξαν ἐκτήσαντο· ἐνιαυτόν τε πρῶτος εὕρατο, εἰς δώδεκα μῆνας τὴν ἡλιακὴν κατανείμας περίοδον, χύδην τε καὶ ἀκατανοήτως παντάπασι πρὸ αὐτοῦ παρὰ Ῥωμαίοις φερομένην[1] · πάμπολλα δὲ ἱερὰ αὐτοῖς ἐτέλεσε, ναούς τε κατεσκεύασεν. Οὕτω δὲ διαθεὶς τὴν πόλιν, τεσσαρακοστῷ καὶ τρίτῳ τῆς βασιλείας ἔτει, νοσήσας ἐτελεύτησε.

IV.

Τοῦλλος Ὀστίλλιος τρίτος τῶν Ῥωμαίων βασιλεύς.
(An 82 de R. = 672 av. J. C.)

Τρίτος διαδέχεται τὴν βασιλείαν Τοῦλλος Ὀστίλλιος· ὑπὸ τούτῳ πάλιν ἡ περὶ τοὺς πολέμους ἐπανῆλθε σπουδή. Νικῶνται γοῦν Ἀλβανοὶ μάχῃ, τῆς Ῥώμης δυοκαίδεκα διεστῶτες σημείοις· εἶτ' ἐφεξῆς ἡττῶνται Βέειοι, καὶ οἱ ἀπὸ Φιδήνης, οἱ μὲν ἓξ χωριζόμενοι σημείοις, οἱ δὲ ὀκτωκαίδεκα. Μετὰ ταύτας δὲ τὰς νίκας, καὶ τὴν πόλιν ηὔξησε, τὸν Κέλλιον αὐτῇ προςθεὶς λόφον· ἐπὶ τούτοις τοῖς ἔργοις τριάκοντα καὶ δύο τὴν ἀρχὴν κατασχὼν ἐνιαυτοὺς, κεραυνοῦ πεσόντος, συγκατεφλέχθη τῇ βασιλικῇ στέγῃ.

V.

Ἄγκος Μάρκιος τέταρτος τῶν Ῥωμαίων βασιλεύς.
(An 114 de R. = 640 av. J. C.)

Τέταρτος παρῆλθεν ἐπὶ τὴν ἀρχὴν Ἄγκος Μάρκιος, ἔκγονος ἀπὸ θυγατρὸς τοῦ Νουμᾶ Πομπιλίου. Οὗτος ἤρατο πόλεμον πρὸς Λατίνους, καὶ τῇ πόλει συνῆψε τὸν Ἀβάντινον λόφον, Ἰανίκουλόν τε· πολίχνην ἐδείματο ἐπὶ θαλάσσης πρὸς ταῖς τοῦ Θύμβριδος ἐκβολαῖς, αἳ τῆς Ῥώμης ἓξ καὶ δέκα διεστήκασι σημείοις· τετάρτῳ τε καὶ εἰκοστῷ τῆς βασιλείας ἔτει, νόσῳ διεφθάρη.

1. Passage emprunté à Suidas pour suppléer Pæanius.

VI.

Ταρκύνιος ὁ Πρίσκος πέμπτος τῶν Ῥωμαίων βασιλεύς.
(An 138 de R. = 616 av. J. C.)

Διεδέξατο δὲ τὴν βασιλείαν Ταρκύνιος ὁ Πρίσκος ὀνομαζόμενος. Οὗτος τὸ μὲν τῆς συγκλήτου συνέδριον διπλάσιον ἐποίησε τῷ τῶν σωμάτων ἀριθμῷ· καὶ τῇ πόλει δὲ τὸν Ἱππόδρομον ᾠκοδόμησε· θεάτρων τε ἐνεστήσατο τέρψιν, Ῥωμάνην καλέσας τὴν Θέαν, ἥτις ἐξ ἐκείνου καὶ εἰς τόδε τελεῖται, τὴν αὐτὴν ἔχουσα προςηγορίαν. Ἔτι δὲ Σαβίνους εἷλε μάχῃ· καὶ πολλῆς αὐτοὺς ἀφελόμενος γῆς, προςεκύρωσε τῇ Ῥώμῃ· πρῶτος δὲ θριαμβεύων εἰς τὴν Ῥώμην εἰςῆλθεν. Τείχη τε ἐδείματο, καὶ τὰς ὑδρορρόας· καὶ τῆς τοῦ Καπιτωλίου κατασκευῆς ἤρξατο· ὀκτώ τε ἐπὶ τοῖς τριάκοντα βασιλεύσας ἐνιαυτοὺς, τοῦ βίου τὴν τελευτὴν ἐδέξατο παρ' Ἄγκου υἱῶν, παρ' οὗ τὴν βασιλείαν αὐτὸς ἀνεδέξατο.

VII.

Σερούϊος Τούλλιος ἕκτος τῶν Ῥωμαίων βασιλεύς.
(An 176 de R. = 578 av. J. C.)

Ἕκτος ὑποδέχεται τὴν ἀρχὴν Σερούϊος Τούλλιος, ἐξ ἐπισήμου γεγονὼς μητρός· ἣ καὶ αἰχμαλωσίας καὶ δουλείας περιέπεσε τύχῃ. Οὗτος ὑπηγάγετο Σαβίνους, καὶ τρισὶ λόφοις ηὔξησε τὴν πόλιν, τῷ Κυριναλίῳ, καὶ τῷ Βιμιναλίῳ, καὶ τῷ Ἐσκυλίνῳ· τάφρους τε ὤρυξε πρὸ τοῦ τείχους κύκλῳ· καὶ ταῖς ἀπογραφαῖς τῶν σωμάτων ἔδωκεν ἀρχὴν, οὔπω παρ' οὐδενὶ τῶν ἐθνῶν ἐγνωσμέναις. Ἀπογραφέντες οὖν οἱ τὴν Ῥώμην οἰκοῦντες ὑπ' αὐτῷ, συνήχθησαν εἰς ἀριθμὸν ὀγδοήκοντα τριῶν χιλιάδων, μετὰ τῶν ἐν τοῖς ἀγροῖς οἰκούντων· τελευτὴν μέντοι τοῦ βίου ἐδέξατο παρὰ τοῦ γαμβροῦ Ταρκυνίου· παῖς δὲ ἦν οὗτος Ταρκυνίου τοῦ Πρίσκου, παρ' οὗ τὴν βασιλείαν ὁ σφαγεὶς οὗτος ἐδέξατο. Πρὸς τούτοις ἡ Τουλλίου θυγάτηρ, Ταρκυνίῳ γαμηθεῖσα, πατροκτονίας μετέσχε[1].

VIII.

Ταρκύνιος ὁ Σούπερβος ἕβδομός τε καὶ ὕστατος Ῥωμαίων βασιλεύς. (An 220 de R. = 534 av. J. C.)

Ἐπιλαμβάνεται δὴ τῆς βασιλείας οὗτος ὁ Σούπερβος Ταρκύνιος, ἕβδομός τε ὢν τῶν βασιλέων καὶ ὕστατος· καὶ νικᾷ μὲν Βολούσκους, ἔθνος ὂν ἐπὶ τὴν Καμπανίαν, οὐ πόῤῥω τῆς Ῥώμης· αἴρει δὲ ἐπὶ τούτοις Γαβίαν καὶ Σύεσσαν τὴν Πομητίαν πόλεις· ἔθετό τε μετὰ Τούσκων σπουδάς· ναόν τε ᾠκοδόμησεν ἐν τῷ καλουμένῳ Καπιτωλίῳ.

Μετὰ ταῦτα, πολιορκῶν τὴν Ἄρδεαν, πολίχνην δέκα καὶ ὀκτὼ σημείοις πόῤῥω τῆς Ῥώμης, τὴν ἀρχὴν ἀπέβαλεν· ὁ γὰρ ὁμώνυμος αὐτοῦ παῖς ἐπιφανῆ γυναῖκα Λουκρητίαν, ἧς πολὺς ἦν ἐπὶ σωφροσύνῃ λόγος, Ταρκυνίῳ Κολλατίνῳ συνοικοῦσαν, ἐβιάσατο. Τοῦτο ἐξήγγειλεν ἡ Λουκρητία τῷ τε ἀνδρὶ καὶ τῷ πατρὶ, καὶ ὀδυραμένη τὸ πάθος, ἐν ὀφθαλμοῖς αὐτῶν ἑαυτὴν διεχρήσατο.

Ἐνταῦθα δὲ ὁ Βροῦτος, γένει προσήκων τῷ Ταρκυνίῳ, τὸν δῆμον ἀθροίσας, ἀφαιρεῖται τῆς βασιλείας τὸν Ταρκύνιον· τούτου δὲ παραυτίκα ἡ στρατιὰ, μεθ' ἧς ἐπολιόρκει τὴν Ἄρδεαν, ἀπέστη· καὶ οὐκέτι προσδέχονται παραγενηθέντα τὸν Ταρκύνιον[2]· τετάρτῳ τε καὶ εἰκοστῷ ἔτει βασιλείας, μετὰ τῆς γαμετῆς καὶ τῶν παίδων, φυγὴν ἑαυτοῦ κατεψηφίσατο. Οὕτως ὑπὸ βασιλεῦσιν ἑπτὰ, τοῖς ὅλοις ἔτεσι διακοσίοις τεσσαράκοντα καὶ τρισὶ, τὰ τῆς Ῥώμης διῳκήθη πράγματα· μικρὰ δὲ ἦν ἔτι τὰ τῆς δυνάμεως ὄντα, τῶν ὁρίων αὐτῆς οὐδαμόθεν ὑπὲρ πεντεκαίδεκα σημείων ἐκτεινομένων.

1. Cette dernière phrase ne se trouve pas dans la version de Pæanius.
2. J'ai emprunté cette phrase à Denys d'Halicarnasse, *Ant. Rom.*, liv. IV, ch. 85, t. II, p. 842, lig. 2, édit. Reiske. Soit différence de texte, soit omission, le passage d'Eutrope ne se trouve pas rendu dans la version de Pæanius.

IX.

Οἱ ὕπατοι. (An 245 de R. = 509 av. J. C.)

Ἐντεῦθεν τὸ μετὰ τῶν βασιλέων ἐπαύσατο, μετηνέχθη δὲ εἰς τὴν τῶν ὑπάτων ἀρχήν· δύο δὲ ἦσαν οὗτοι, καὶ ἐτήσιοι· ὥςτε κἂν ἕτερον φαῦλον συμβαίνῃ[1] εἶναι, τὸν ἕτερον ἰσότιμον ὄντα κατασχεῖν, τῷ δὲ χρόνῳ περαιουμένην μετριωτέραν εἶναι τὴν δυναστείαν· ἀνάγκη γὰρ ἦν ἀρίστους εἶναι δημαγωγοὺς, εἰδότας ὡς μετὰ τὸν χρόνον ἔσονται τῶν ἀρχομένων.

Γίνονται τοίνυν ὕπατοι τῷ πρώτῳ ἔτει μετὰ τοὺς βασιλεῖς Λούκιος Ἰούνιος Βροῦτος, ὁ τῆς Ταρκυνίου μάλιστα καθαιρέσεως αἰτιώτατος, καὶ Ταρκύνιος Κολλατῖνος, ὁ τῆς Λουκρητίας ἀνήρ· ἀλλ' ὁ Κολλατῖνος εὐθὺς τῆς ἐξουσίας ἀφῃρέθη· ἔδοξε γὰρ μηδένα ἐπὶ τῆς Ῥώμης εἶναι Ταρκύνιον ὀνομαζόμενον· καὶ τὴν οὐσίαν λαβὼν ἅπασαν, ἀπῴκησεν ἐκ τῆς πόλεως· ἀντικατέστη δὲ αὐτῷ Λούκιος Οὐαλέριος Πουβλικόλας.

X.

Ὅτι ὁ Ταρκύνιος ἐπηγάγετο τῇ Ῥώμῃ πόλεμον.

Τούτων οὖν τὴν ὕπατον ἐχόντων ἀρχὴν, ὁ τῆς βασιλείας ἀφαιρεθεὶς Ταρκύνιος ἐπηγάγετο τῇ Ῥώμῃ πόλεμον· καὶ συναγείρας ἔθνη πολλὰ, δι' ὅπλων ἔσπευδεν ἐπανελθεῖν εἰς τὴν βασιλείαν· ὡς δὲ τὸ πρῶτον συνέμιξαν, ὁ μὲν Βροῦτος καὶ ὁ Ταρκυνίου παῖς ἀλλήλους ἀνεῖλον· οἱ δὲ λοιποὶ Ῥωμαῖοι τῇ μάχῃ νικήσαντες ἀνεχώρησαν ἐπ' οἴκου· αἱ τοίνυν γυναῖκες τὸν Βροῦτον[2], ὡς τῆς σεμνότητος καὶ σωφροσύνης ὑπέρμαχόν τε καὶ προστάτην, ἐνιαυσιαίῳ πένθει, καθάπερ πατέρα κοινὸν, ἐτίμησαν.

1. Le texte de Pæanius porte : ὥςτε κἂν ἕτερον φαῦλον εἶναι, καταφυγεῖν ἐπὶ τὸν ἕτερον.

2. Ce mot se trouve omis dans la version de Pæanius.

Πουβλικόλας δὲ Σπούριον Λουκρήτιον Τρικιπιτῖνον κοινωνὸν ἑαυτῷ καὶ συνύπατον ἐχειροτόνησε, τὸν πατέρα τῆς Λουκρητίας. Τούτου δὲ ὑπεξελθόντος νόσῳ τοῦ βίου [1], αὖθις Ὁράτιον Πούλβιλλον συνῆψε ἑαυτῷ πρὸς τὴν ὕπατον ἀρχήν. Οὕτω δὴ συνέβη τὸν πρῶτον τῶν ὑπάτων ἐνιαυτὸν πέντε σχεῖν ὑπάτους, Ταρκυνίου Κολλατίνου διὰ τὴν προςηγορίαν ἀποικήσαντος [2], Βρούτου δὲ πεσόντος ἐν τῇ μάχῃ, Λουκρητίου δὲ τὴν ἐκ τῆς ἀῤῥωστίας τελευτὴν ὑπομείναντος.

XI.

Ὅτι ὁ Ταρκύνιος αὖθις τοῖς Ῥωμαίοις ἐπολέμησε.
(An 246 de R. = 508 av. J. C.)

Τῷ δευτέρῳ δὲ μετὰ τοὺς βασιλέας ἔτει, Ταρκύνιος αὖθις ἐκίνησεν ὅπλα κατὰ τῆς Ῥώμης ὑπὲρ τῆς βασιλείας, πρὸς συμμαχίαν ἐπικαλεσάμενος τὸν Πορσήναν· οὗτος δὲ ἦν Τούσκων βασιλεύς· καὶ μικροῦ μὲν τῆς Ῥώμης κατεκράτησεν· ἡττηθεὶς ὅμως ἀπῆλθε.

Καὶ τρίτῳ μετὰ τοὺς βασιλέας ἐνιαυτῷ, ὡς εἶδεν αὐτῷ τὰ περὶ τῆς βασιλείας οὐ χωροῦντα κατὰ νοῦν (ἤδη γὰρ καὶ Πορσήνας σπονδὰς ἐπεποίητο [3] πρὸς Ῥωμαίους), ἐν Τουσκόλῳ πολιχνίῳ, τῆς Ῥώμης οὐ πόῤῥω, μεταστὰς σὺν τῇ γαμετῇ, τεσσαρεςκαίδεκα διετέλεσεν ἐνιαυτοὺς, ἐκεῖ τε κατεγήρασε.

Τετάρτῳ δὲ μετὰ τοὺς βασιλέας ἔτει, Σαβῖνοι Ῥωμαίοις ἐπήγαγον πόλεμον. Ἡττηθέντων δὲ αὐτῶν πανστρατὶ, οἱ Ῥωμαῖοι τὴν νίκην ἐθριάμβευσαν.

Ἔτει πέμπτῳ Οὐαλέριος, ὁ Βρούτου συνύπατος, τετάρτην ἤδη πεπληρωκὼς ὑπατείαν, τὸ κοινὸν ὑπέμεινε τέλος, ἐν τοσαύτῃ πενίᾳ καὶ ἀπορίᾳ τῶν ἀναγκαίων, ὥςτε ἐκ συνειςφορᾶς τοῦ δήμου τὴν ταφὴν

1. Le texte porte τὸν βίον, fautivement.
2. L'édit. d'Havercamp 1729 donne ἀπεωσθεὶς, forme inusitée. J'ai adopté ἀποικήσαντος, proposé par Sylburg, et plus conforme au texte d'Eutrope, comme à l'histoire.
3. L'édit. d'Havercamp donne ἐπιποίητο, fautivement.

αὐτοῦ γενέσθαι. Καὶ τοῦτον δὲ αἱ γυναῖκες, ὥσπερ τὸν Βροῦτον, ἐνιαύσιον [1] ἐπένθησαν χρόνον.

XII.

Ὅτι ἡρέθη δικτατοῦρα καὶ δημαρχία. (An 254-261 de R. = 500-493 av. J. C.)

Ἐννάτῳ μετὰ τοὺς βασιλέας ἔτει ὁ τοῦ βασιλεύσαντος Ταρκυνίου γαμβρὸς, τιμωρῆσαι τῷ κηδεστῇ βουληθεὶς, παμμεγέθη στρατιὰν συνέλεξε. Τότε τοίνυν προςεπενοήθη τε καὶ ἡρέθη κατὰ τὴν Ῥώμην ἀρχή. Δικτατοῦραν αὐτὴν ἐκάλουν ἐπιχωρίως· αὕτη δὲ δυνατωτέρα τῆς μεγίστης ἦν.

Κατὰ δὲ τὸν αὐτὸν τοῦτον χρόνον καὶ ἄρχων ἱππέων ἀνεδείχθη· ἀκολουθεῖ δὲ καὶ αὐτὸς τῷ δικτάτωρι. Πρῶτος οὖν ἐγένετο δικτάτωρ Λάρκιος· μάγιστρος δὲ τῶν ἱππέων πρῶτος Σπούριος Κάσσιος.

Ἕκτῳ δὲ καὶ δεκάτῳ μετὰ τοὺς βασιλέας ἐνιαυτῷ στάσις ἐπέπεσε τῷ δήμῳ τῶν Ῥωμαίων, ἀγανακτοῦντι, καὶ δεινὰ πάσχειν ὑπό τε τῆς συγκλήτου καὶ τῶν ὑπάτων αἰτιωμένῳ· καὶ αὐτὸς αὑτῷ κατέστησε ἄρχοντας οἰκείους, καὶ οἱονεί τινας ἐκδίκους τοῦ πλήθους, οὓς δημάρχους ἐκάλεσε. Ἐπίστευσε δὲ ὁ δῆμος διὰ τούτων ἀσφάλειαν αὑτῷ πρὸς τὴν τῆς συγκλήτου καὶ τῶν ἀρχόντων ἐξουσίαν ὑπάρξειν.

Τῷ δὲ ἑξῆς ἐνιαυτῷ Βολοῦσκοι τὸν πόλεμον ἀνενεώσαντο, καὶ συμμίξαντες ἡττήθησαν, καὶ τὴν μεγίστην ἑαυτῶν πόλιν Κουριόλους ἀπώλεσαν, τῶν νικησάντων γενομένην.

1. Le texte porte : τὸν ἴσον χρόνον ἐπένθησαν, *elles portèrent son deuil un temps égal.* Je soupçonne que Pæanius faisait allusion à Junius Brutus, dont le nom peut-être aura disparu de sa traduction par quelque faute de copiste. Pour lever cette difficulté, j'ai fait un emprunt à Denys d'Halic. *A. R. liv. V, ch.* 48, t. II, p. 959, édit. Reiske.

XIII.

Κοριολάνος. (An 263 de R. = 491 av. J. C.)

Ὀκτωκαιδεκάτῳ γε μετὰ τοὺς βασιλέας ἔτει Κόϊντος Μάρκιος, ὁ τοῦ πολέμου τοῦ κατὰ Βολούσκων στρατηγὸς, ὁ καὶ τὴν πόλιν αὐτῶν ἑλὼν τοὺς Κοριόλους, ἀπολιπὼν τὴν Ῥώμην προςεχώρησε τοῖς Βολούσκοις, ὑπό τινος ὀργῆς τοῦτο παθών· καὶ πολὺ συνήγαγε συμμαχικὸν, καὶ πολλάκις ἐνίκησε τοὺς οἰκείους. Καὶ πλησίον αὐτῆς ἐγένετο τῆς πόλεως ἀπὸ πέντε σημείων, ὡς αὐτίκα πολιορκήσων· πρεσβευσαμένων δὲ τῶν Ῥωμαίων, οὐ πρότερόν ἔμελλε τῆς ὀργῆς λήξειν, ἢ τὴν αὐτοῦ μητέρα Βετουρίαν καὶ τὴν γαμετὴν Βολουμνίαν πρὸς αὐτὸν ἐλθεῖν. Γίνεται δὴ τοῦτο· καὶ τοῖς ὀδυρμοῖς τῶν γυναικῶν ἐπικλασθεὶς, ἀπεκίνησε τὸν στρατὸν, καὶ δεύτερος οὗτος μετὰ τὸν βασιλέα Ταρκύνιον ὅπλα κατὰ τῆς πατρίδος ἐκίνησεν.

XIV.

Περὶ τῶν Φαβιανῶν. (An 276 de R. = 478 av. J. C.)

Φαβίου δὲ καὶ Βεργινίου τὴν ὑπατείαν ἐχόντων, τριακόσιοι τῆς Ῥώμης ἄνδρες ἐπιφανεῖς, ἐκ τῆς Φαβίου καταγόμενοι συγγενείας, αὐτοὶ καθ' ἑαυτοὺς κατὰ τῶν Βεεγέντων ἐξεστράτευσαν, ὑποσχόμενοι καὶ τῷ δήμῳ καὶ τῇ συγκλήτῳ τὸν πάντα κατορθώσειν πόλεμον. οὗτοι δὲ πάντες, ἀξιόχρεως ἕκαστος μεγάλης ἡγεμὼν εἶναι στρατιᾶς, πανωλεθρίᾳ διεφθάρησαν. Ἐκ τοσούτου δὲ τοῦ Φαβίου γένους εἷς ὑπελείφθη μόνος, ὃς οὐχ οἷός τε ἐγένετο διὰ τὴν νεότητα παραγενέσθαι τῇ μάχῃ.

Μετὰ ταῦτα γίγνεται τῶν σωμάτων πάλιν ἀπογραφὴ κατὰ τὴν πόλιν, καὶ συνηριθμήθη πλῆθος ἀνδρῶν, ἑκατὸν εἴκοσι, μιᾶς δεούσης, χιλιάδες.

XV.

Ὅτι χειροτονεῖται δικτάτωρ Κικιννάτος. (An 296 de R. = 458 av. J. C.)

Τῷ δὲ ἑξῆς ἐνιαυτῷ κατὰ τὸ Ἄλγιδον ὄρος, δωδεκάτῳ τῆς πόλεως σημείῳ, ἐνεδρευθεὶς ὁ Ῥωμαϊκὸς στρατὸς συνεκλείσθη· χειροτονεῖται τοίνυν δικτάτωρ Λούκιος Κοΐντιος Κικιννάτος. Ἀγρὸν δὲ ἔχων τετράπλεθρον ὁ Κικιννάτος, καὶ τοῦτον αὐτῷ σώματι γεωργῶν, ἐφεστηκώς τε ἀρότρῳ, παρέλαβε τὴν ἐξουσίαν· καὶ τὸν ἱδρῶτα τὸν ἀπὸ τῆς γηπονίας ἀπομορξάμενος, τό τε σχῆμα μεταβαλὼν, τραβέαν ἐνέδυ[1]· καὶ τοὺς πολεμίους ἀπολέσας, ἠλευθέρωσε τὴν στρατιάν.

XVI.

Περὶ τῶν δεκανδρικῶν. (An 301-303 de R. = 453-451 av. J. C.)

Τριακοσιοστῷ δὲ ἑνὶ μετὰ τὸν τῆς Ῥώμης συνοικισμὸν ἐνιαυτῷ, τὸ τῶν ὑπάτων μετεβάλετο εἰς ἑτέραν ἀρχήν. Ἀντὶ γὰρ τῶν ὑπάτων δέκα κατέστησαν, οἷς πᾶσα τῆς πόλεως ἐπετράπη διοίκησις· ἐκαλοῦντο δὲ οὗτοι δεκανδρικοί. Ὀρθῶς δὲ διαγενόμενοι κατὰ τὸ πρῶτον ἔτος, εἶτα μετεβλήθησαν. Ἄππιος γὰρ Κλαύδιος, εἷς ἐκ τῶν Δέκα, Βεργινίου τινὸς θυγατέρα παρθένον, ὃς ἐν τῷ πολέμῳ κατὰ τὸ Ἄλγιδον ὄρος πρὸς Λατίνους ἐτύγχανεν ἀνδρειότατα μεμαχημένος, ἠβουλήθη διαφθεῖραι πρὸς βίαν. Ἀλλ' ὁ πατὴρ αὐτὴν πρὸ τῆς ὕβρεως ἀνεῖλε. Τοῦτο συνεκίνησε τὸν στρατόν· καὶ τοὺς Δέκα τιμωρίᾳ παραδόντες, καὶ αὐτὴν αὐτοῖς συνανεῖλον τὴν ἀρχήν.

1. Le texte de Pæanius étant ici fort altéré, j'ai reçu la restitution que Sylburg en a faite.

XVII.

Περὶ τῆς ἀποστάσεως καὶ ἁλώσεως Φιδηνῶν. (An 315-317 de R. = 438-437 av. J. C.)

Τριακοσιοστῷ δὲ πεντεκαιδεκάτῳ μετὰ τὸν Ῥώμης συνοικισμὸν ἐνιαυτῷ Φιδηνᾶται πρὸς Ῥώμην ἤραντο πόλεμον, συμμάχοις κεχρημένοι Βεείοις, καὶ τῷ τούτων βασιλεῖ Τολουμνίῳ. Βέειοι δὲ καὶ Φιδηνᾶται τῆς Ῥώμης ἐκ γειτόνων οἰκοῦσι· Φιδηνᾶται μὲν ἐξ κεχωρισμένοι σημείοις, Βέειοι δὲ ὀκτωκαίδεκα. Συνεπῆλθον δὲ καὶ Βολοῦσκοι. Τότε τοίνυν Μάμερκος Αἰμίλιος δικτάτωρ χειροτονηθεὶς, καὶ λαβὼν ἄρχοντα τῶν ἱππέων Λούκιον Κοΐντιον Κικιννάτον, τὸν πόλεμον ἔλυσε, καὶ τὸν βασιλέα Τολούμνιον ἀνεῖλε· Φιδῆναί τε ἡ πόλις ἑάλω καὶ κατεσκάφη.

XVIII.

Ὅτι ὁ Φούριος Κάμιλλος μετὰ τὴν νίκην ἐξέπεσε. (An 359-461 de R. = 395-394 av. J. C.)

Εἴκοσι δὲ ὕστερον ταύτης τῆς μάχης ἐνιαυτοῖς Βέειοι πάλιν ἐκίνησαν τὸν πόλεμον, καὶ χειροτονεῖται κατ' αὐτῶν δικτάτωρ Φούριος Κάμιλλος, ὃς πρότερον μὲν αὐτοὺς κατεπολέμησε· μετὰ ταῦτα δὲ πολὺν χρόνον τὴν πόλιν περικαθίσας, καὶ αὐτὴν εἷλεν, ἀρχαιοτάτην τε τῆς Ἰταλίας, καὶ τοῖς πᾶσιν ἀφθονωτάτην. Μετὰ ταύτην αἱρεῖ Φαλίσκους, πόλιν οὐχ ἧττω τῆς προτέρας. Ἀλλ' ἐπανέστη φθόνος ἐκ ταύτης αὐτῷ τῆς εὐημερίας, αἰτίαν τ' ἔσχεν, ὡς οὐ προσηκόντως διέλοι τῇ στρατιᾷ τὰ τοῦ πολέμου λάφυρα, κατεκρίθη τε καὶ ἀπεώσθη τῆς Ῥώμης.

XIX.

Ὅτι ὁ Κάμιλλος κατελθὼν τοὺς Γάλλους ἐνίκησε. (An 365 de R. = 389 av. J. C.)

Κατὰ δὲ τοῦτον τὸν χρόνον Γάλλοι Σένωνες ὥρμησαν ἐπὶ τὴν Ῥώμην, καὶ γενομένης μάχης ἑνδεκάτῳ τῆς πόλεως σημείῳ, παρὰ τὸν Ἄλλιον ποταμὸν, ἐπεξῆλθον φεύγουσι τοῖς Ῥωμαίοις, οὐδενὸς ἀντάραντος, μέχρι τῆς πόλεως αὐτῆς· καταφεύγοντες δὲ εἰς τὸ Καπιτώλιον, ἐκεῖ συνέσωζον ἑαυτούς. Λιμοῦ δὲ λοιπὸν συνέχοντος αὐτοὺς, ἐφίσταται τοῖς Γάλλοις ἐκ πολλοῦ πολιορκοῦσιν[1] ὁ Φούριος Κάμιλλος, φυγὰς ἐν πλησίῳ τινὶ πολιχνίῳ διάγων· καὶ νικᾷ μὲν αὐτοὺς δεινότατα τῇ πρώτῃ συμπλοκῇ· ὡς δὲ οὐκ ἐξεχώρουν, ὠνήσαντο Ῥωμαῖοι τὴν ἀναχώρησιν αὐτῶν χρυσίῳ, ὅπως μὴ τὸ Καπιτώλιον περικαθίσειαν[2]. Τοῦτο οὐκ ἤνεγκε μετρίως ὁ Κάμιλλος, παραχρῆμα δὲ ἐπεξελθὼν τῇ τῶν Γάλλων στρατιᾷ, αὐτήν τε διέφθειρε, καὶ τὸ δοθὲν ἀνέλαβε χρυσίον, καὶ τὰ σημεῖα στρατιωτικὰ, ἅπερ ἦσαν ἐν τῇ προτέρᾳ μάχῃ παρὰ τῶν Ῥωμαίων ἀφῃρημένα, πάντα ἀναλαβὼν, τρίτον ἐν τῇ πατρίδι θρίαμβον ἐθριάμβευσεν, ἐπεκλήθη τε δεύτερος Ῥωμύλος, ὡς οἰκιστὴς καὶ αὐτὸς τῆς Ῥώμης γεγενημένος.

XX.

Ὅτι τὰ τῆς Ῥώμης πράγματα ἀνατρέχει, καὶ ἄρχοντες στρατιωτικοὶ χειροτονοῦνται. (An 365 de R. = 389 av. J. C.)

Ἔτει τριακοσιοστῷ καὶ ἑξηκοστῷ πέμπτῳ μετὰ τὸν τῆς Ῥώμης συνοικισμὸν, πρώτῳ δὲ μετὰ τὴν ὑπὸ Γάλλοις γενομένην ἅλωσιν,

1. La version de Pæanius porte : λιμοῦ δὲ λοιπὸν συνέχοντος αὐτοὺς, ἐφίσταται κάμνουσιν ὁ Φούριος, κ. τ. λ.
2. Pæanius a omis ces mots.

ἐνηλλάγησαν αἱ δυναστεῖαι. Ἀντὶ γὰρ τῶν ὑπάτων ἄρχοντες ἐγένοντο στρατιωτικοὶ τὴν τῶν ὑπάτων ἔχοντες δύναμιν. Ἐντεῦθεν καὶ τὰ τῆς Ῥώμης ηὐξήθη πράγματα. Κάμιλλος γὰρ Βολούσκων πόλιν, ἑβδομήκοντα τοῖς πᾶσιν ἐνιαυτοῖς οὐκ ἀποσχομένην τοῦ κατὰ τῆς Ῥώμης πολέμου, αὐτήν τε εἷλε, καὶ ἑτέραν Αἰκανῶν, καὶ Σουτρίνων ἄλλην, πάσας τε αὐτὰς ὑφ' ἑαυτὸν ποιησάμενος, καὶ τοὺς πολεμίους διαχρησάμενος, τρεῖς ἐπὶ τοῖς τρισὶν ἔθνεσιν ἐπετέλεσε θριάμβους.

XXI.

Ὅτι ὁ Κικιννάτος νικᾷ καὶ θριαμβεύει. (An 376 de R. = 378 av. J. C.)

Καὶ Τίτος δὲ Κοΐντιος Κικιννάτος Πραινεστίνους, οἳ μέχρι τῶν προπυλαίων αὐτῶν πολεμοῦντες ἐχώρησαν, ἄχρις Ἀλλίου ποταμοῦ διώξας, νίκην τε ἤρατο κατ' αὐτῶν, καὶ πόλεις αὐτῶν ὀκτὼ[1] τῇ Ῥώμῃ προσένειμε· καὶ αὐτοὺς δὲ τοὺς Πραινεστίνους, παραδόντας ἑαυτοὺς, ἐκτήσατο. Πᾶν δὲ τοῦτο τὸ ἔργον εἴκοσιν ἐπετέλεσεν ταῖς ἡμέραις, καὶ ἐπὶ τούτοις ἐθριάμβευσεν.

XXII.

Ὅτι τελευτᾷ Κάμιλλος καὶ νικᾷ Μάνλιος. (An 390-416 de R. = 364-338 av. J. C.)

Λουκίου τοίνυν Γενουκίου καὶ Κοΐντου Σερβιλίου γενομένων ὑπάτων, τελευτᾷ Κάμιλλος, τιμαί τε αὐτῷ δεύτεραι μετὰ[2] τὸν Ῥωμύλον ἐψηφίσθησαν.

Γάλλων δὲ πόλεμον ἐπὶ τὴν Ἰταλίαν κινησάντων, στρατοπέδευσα-

1. La version de Pæanius porte ἑπτά, *sept*. J'ai mis ὀκτώ, *huit*, d'après le texte d'Eutrope, édit. de Deux-Ponts, et Tite-Live, VI, 29.

2. Le texte de l'édit. d'Havercamp 1729 porte κατά. J'ai lu μετά, qui m'a paru nécessaire et indiqué par *post* d'Eutrope. Cette confusion est fréquente. Fischer, *Animadv.*, Spec. III, pars 2, p. 197.

μένων δὲ ἀντιπέρα τοῦ Ἀνιήνου ποταμοῦ, τῆς πόλεως τῷ τετάρτῳ σημείῳ, Τίτος Κοΐντιος δικτάτωρ ἀναδειχθεὶς ἐξῆλθεν ἐπὶ τοὺς πολεμίους. Ἀλλ' ἔλυσε τὴν μάχην οὐχ ἡ συμπλοκὴ τῶν στρατευμάτων, ἀλλ' ἀνὴρ νεανίας ἐπιφανέστατος ἐκ τῆς συγκλήτου, Μάνλιος. Ὑφ' ἑνὸς γὰρ τῶν Γάλλων εἰς μονομαχίαν προκληθεὶς, ἐκεῖνόν τε καθεῖλε, καὶ στρεπτὸν, ᾧ κεκόσμητο τὸν τράχηλον ὁ Γάλλος, ἑαυτῷ περιθεὶς, ἐκ τούτου Τορκουάτος αὐτός τε προσηγορεύθη, καὶ οἱ ἐξ αὐτοῦ πάντες. Τότε μὲν οὖν φυγῇ οἱ Γάλλοι παρέδοσαν ἑαυτούς· μετὰ δὲ ταῦτα καὶ κατεπολεμήθησαν ὑπὸ τοῦ δικτάτωρος Σουλπικίου. Καὶ Τοῦσκοι δὲ ὑπὸ Γαΐου Μαρκίου συνεκόπησαν· ὡς ὀκτὼ δὲ χιλιάδας αἰχμαλώτων τῷ θριάμβῳ ποιήσας πλῆθος ὁ νικήσας ἐθριάμβευσε.

XXIII.

Περὶ Οὐαλερίου Κόρβου. (An 407 de R. = 347 av. J. C.)

Μετὰ τοῦτο γίγνεται τῶν Ῥωμαίων ἀπογραφή. Καὶ τῶν Λατίνων, τῶν ὑπὸ Ῥωμαίοις ἤδη γεγενημένων, σώματα παρέχειν εἰς στρατιὰν οὐ βουλομένων, ἐξ αὐτῶν πολιτικῶν συνελέγη τὸ στράτευμα νεοστρατεύτων σωμάτων [1]. Δέκα δὲ ἐξ αὐτῶν συντάξεις ἐγένοντο. Αἱ δέκα δὲ αὗται συντάξεις, ἑξήκοντα, ἢ σμικρόν τι πλέον [2], χιλιάδας ἀνδρῶν εἶχον. Οὕτως ὁ τοσοῦτος συνήχθη στρατὸς, οὔπω τῶν Ῥωμαϊκῶν πραγμάτων εἰς τὸ πᾶν ἐπιδεδωκότων· τοσαύτη τῶν στρατιωτικῶν ἦν ἐπιθυμία, καὶ τῶν πολιτῶν ἀνδρεία.

Τοῦτο δὴ τὸ στράτευμα τῶν πολιτῶν ἐξάραν, ἐπὶ τοὺς Γάλλους ἐχώρησεν, ἡγουμένου τῆς στρατιᾶς Φουρίου. Ἀλλά τις ἐκ τοῦ Γάλλων στρατεύματος, πρὶν ἢ συμμῖξαι τὰ πλήθη, ἐκ προκλήσεως τὸν ἄριστον τῶν Ῥωμαίων εἰς μονομαχίαν ἐκάλει. Τότε τοίνυν ἐθελοντὴς ἐξανέστη Μάρκος Οὐαλέριος, ἐν τοῖς ἄρχουσι τῶν στρατιωτικῶν τεταγμένος,

1. J'ai ajouté ces mots, d'après Sylburg, pour *tirones*, omis dans la version de Pæanius.

2. Cette addition m'a paru nécessaire pour traduire *aut amplius*, que ne rend point le traducteur grec.

καὶ σκευασάμενος ἐπῆλθεν. Ὁρμῶντι δὲ κατὰ τοῦ πολεμίου, κόραξ ἐπιστὰς κατὰ τὸν δεξιὸν ἔστη βραχίονα. Καὶ μετὰ, οἱ μὲν ἄνδρες συνέμιξαν· ὁ δὲ κόραξ τοῖς τε ὄνυξι καὶ τοῖς πτεροῖς ἔπαιε τοῦ Γάλλου τὰ ὄμματα, κωλύων εὐθὺ τῷ πολεμοῦντι προςβλέπειν· καὶ οὕτω πίπτει μὲν ὁ Γάλλος· τῷ Οὐαλερίῳ δὲ ὁ τῆς νίκης τρόπος δέδωκε τὴν προςηγορίαν. Κόρβος[1] γὰρ ὠνομάσθη ἀπὸ τοῦ κόρακος, οὕτω κατὰ τὴν τῶν Ἰταλῶν ὀνομαζομένου φωνήν· καὶ οὐδὲ μέχρι τούτων τὰ τῆς εὐημερίας ἔστη· ἀλλὰ τρίτον καὶ εἰκοστὸν γεγονὼς ἔτος ἐπὶ τὴν ὑπατείαν ἐκλήθη.

Λατῖνοι δὲ, οἱ τὴν στρατολογίαν ἀρνησάμενοι, καθάπερ ἔκ τινος μελέτης ἐπὶ μεῖζον ἐχώρησαν· ἔφασκον γὰρ τὸν ἕτερον τῶν ὑπάτων ἐκ σφῶν αὐτῶν χρῆναι χειροτονεῖσθαι. Τῶν Ῥωμαίων δὲ οὐ συνθεμένων, ἀνήφθη πόλεμος μέγιστος, εἴπερ τις ἄλλος. Καὶ τοῦτον μὲν ἡττήθησαν οἱ Λατῖνοι, καὶ θρίαμβον ἔσχεν ἡ νίκη· τοῖς ὑπάτοις δὲ, ὡς ὑπὲρ ἔργου μεγάλου, κατά τι χωρίον, ὃ Ῥῶστρα καλοῦσιν, ἀνδριάντες ἀνέστησαν.

XXIV.

Περὶ τῶν Παπιρίῳ Κούρσωρι καὶ Φαβίῳ Μαξίμῳ καὶ Ἀππίῳ Κλαυδίῳ τῷ τιμητῇ πραχθέντων. (An 430-442 de R. = 324-312 av. J. C.)

Ἐντεῦθεν δὴ καὶ τὰ τῆς δυνάμεως ηὐξήθη Ῥωμαίοις, καὶ πρὸς ἄκρον ἀφίκοντο δυναστείας. Ἀμέλει πορρωτάτω λοιπὸν αὐτοῖς οἱ πολέμιοι συνεκροτοῦντο. Ἐπὶ Σαμνίτας γοῦν, τριάκοντά[2] που καὶ ἑκατὸν ἀπῳκισμένους σημείοις, καὶ ἐν μέσῳ τοῖς Πικηνοῖς, καὶ τῇ Καμπανίᾳ καὶ τῇ Ἰαπυγίᾳ ὁμοροῦντας[3], τὴν στρατιὰν ἐκίνησαν, ἧς ἀφηγεῖτο

1. La version de Pæanius porte Κορβῖνος, conforme à la leçon *Corvinus* des anciennes édit. d'Eutrope. J'ai mis Κόρβος conforme à la leçon *Corvus*, adoptée par l'édit. de Deux-Ponts, d'après Tite-Live, VII, 26, les Tab. du Cap. et et quelques manuscrits.
2. Pæanius dit τριακοσίοις, *trecentis*, évidemment fautif.
3. Ces mots se trouvent omis dans Pæanius.

Παπίριος Κούρσωρ, τὴν δικτατωρίας ἔχων ἐξουσίαν· χρείας δὲ αὐτὸν ἐπὶ τὴν Ῥώμην καλούσης, τὸν ἄρχοντα τῆς ἵππου Φάβιον Μάξιμον κατέλιπεν ἐπιτροπεύειν τοῦ στρατοῦ, προαγορεύσας μὴ εἰς χεῖρας ἐλθεῖν πρὶν ἂν ἐκ τῆς Ῥώμης ἐπανήκῃ. Λαβόμενος δὲ ὁ Φάβιος καιροῦ καὶ μικρὰ φροντίσας τῶν τοῦ δικτάτωρος ἐντολῶν, ἐμαχήσατο μὲν μετὰ λαμπρᾶς τῆς τύχης, καὶ τοὺς Σαμνίτας ἀπώλεσε πανστρατιᾷ. Ἐπὶ τούτοις δὲ ψῆφον ἐπήγαγεν ὁ δικτάτωρ αὐτῷ θανάτου· διεσώθη δὲ τῇ τοῦ στρατεύματος περὶ αὐτὸν σχέσει καὶ τῇ τοῦ δήμου σπουδῇ· τοσαύτη τε ἐκινήθη κατὰ Παπιρίου στάσις, ὡς παρὰ μικρὸν ἐλθεῖν αὐτὸν θανάτου.

Μετὰ ταῦτα οἱ Σαμνῖται τοὺς Ῥωμαίους, ὑπατευόντων Τίτου Βετουρίου καὶ Σπουρίου Ποστουμίου, ἐν ταῖς τῶν Φουρκῶν Καυδίνων στενοχωρίαις κατακεκλεισμένους μετὰ πολλῆς κατεπολέμησαν τῆς αἰσχύνης, καὶ τῷ ζυγῷ αὐτοὺς ὑφῆκαν[1]. Ἀλλ' ἡ σύγκλητος καὶ ὁ δῆμος τὰς μὲν σπονδὰς παρεσάλευσαν, ὡς ἐν δυσπραγίᾳ γεγενημένας, ἀνέλαβον δὲ τὴν μάχην· καὶ οἱ πρότερον νενικηκότες, ἡττήθησαν, Παπιρίου τοῦ ὑπάτου τῇ μάχῃ στρατηγοῦντος. Ἑπτὰ δὲ χιλιάδες ἀνδρῶν αἰχμαλώτων τῷ τῶν νενικηκότων ὑπεζύγησαν ζυγῷ[2]· καὶ κατὰ Σαμνιτῶν ἐδόθη τῷ Παπιρίῳ θρίαμβος.

Κατὰ δὲ τοῦτον τὸν χρόνον Ἄππιος Κλαύδιος τιμητὴς πηγὴν ὠχέτευσεν εἰς τὴν Ῥώμην, ἥτις αὐτῷ μέχρι νῦν ἐπονομάζεται Κλαυδία· ὁδόν τε ἐστόρεσεν, ἥτις ἐπεκλήθη καὶ αὐτὴ τῷ πεποιηκότι Ἀππία.

1. Voici la version, fort inexacte, donnée de ce passage par Pæanius : Μετὰ ταῦτα οἱ Σαμνῖται τοὺς Ῥωμαίους, ὑπατευόντων Τίτου Βετουρίου καὶ Σπουρίου Ποστουμίου, μετὰ πολλῆς κατεπολέμησαν τῆς αἰσχύνης, καὶ κύριοι καταστάντες αὐτῶν, ἔθεντο σπονδὰς τοῖς ἡττημένοις ἀπρεπεῖς. Le traducteur grec ne paraît pas avoir saisi ici la valeur propre de *sub jugum miserunt*.

2. Pæanius : Πεσόντων δὲ τῶν πλειόνων ἑπτὰ χιλιάδες ἀνδρῶν αἰχμαλώτων ὑπὸ τοῖς νενικηκόσιν ἐγένοντο.

XXV.

Ὅτι Σαμνῖται καὶ Γάλλοι καταπολεμοῦνται.
(An 456-457 de R. = 297-296 av. J. C.)

Τούτων ὧδε πεπραγμένων, Σαμνῖται τὴν μάχην ἀνενεώσαντο, Κοΐντου Φαβίου Μαξίμου τὴν ὑπατείαν ἔχοντος. Παῖς δὲ ἦν οὗτος τοῦ μικροῦ πρόσθεν εἰρημένου Φαβίου Μαξίμου. Οὗτος ἡττᾶται τὴν μάχην, καὶ τρισχιλίους ἀποβάλλει ἀνδρῶν. Ἀνγάτος δὲ αὐτῷ χειροτονηθεὶς ὁ πατὴρ Φάβιος, ἐνίκησέ τε τοὺς Σαμνίτας, καὶ πολλὰς αὐτῶν πόλεις εἷλεν. Ἔπειτα διαδέχονται τὴν ὕπατον ἀρχὴν Πόπλιος Κορνήλιος Ῥουφῖνος, καὶ Μάρκος Κούριος Δεντάτος, καὶ συνάψαντες πρὸς τοὺς Σαμνίτας πόλεμον, πολλαῖς τε μάχαις λαμπροὶ ὑπερέσχον, καὶ παντάπασιν αὐτοὺς ἐκπολιορκήσαντες δι' ἐτῶν ἐννέα καὶ τεσσαράκοντα, τέλος ἔδοσαν τῷ πολέμῳ. Ὡς ἔπος δὲ εἰπεῖν, οὐδὲν τῶν ἐντὸς τῆς Ἰταλίας ἐθνῶν οὕτω τὰς Ῥωμαϊκὰς δυνάμεις κατειργάσατο.

Πολλοῖς δὲ ὕστερον ἐνιαυτοῖς πλῆθος Γάλλων ἀξιομάχητον Τούσκοις τε καὶ Σαμνίταις κατὰ τῆς Ῥώμης ἐκοινώνησαν· καὶ δρόμον ἐπ' αὐτὴν ποιούμενοι, παρὰ Γνέου Κορνηλίου Δολοβέλλου τοῦ ὑπάτου πανωλεθρίᾳ διεφθάρησαν.

XXVI.

Τὰ περὶ Πύῤῥον τὸν τῶν Ἠπειρωτῶν βασιλεύσαντα.
(An 474 de R. = 280 av. J. C.)

Ὑπὸ τούτους τοὺς χρόνους Ταραντίνοις, ἐν ὑστάτῳ τῆς Ἰταλίας πάσης κειμένοις, ἐπήχθη παρὰ Ῥωμαίων πόλεμος. Αἰτία δὲ ἦν τοῦ πολέμου παροινία καὶ ἀσέλγεια παρὰ τοῦ δήμου τοῦ Ταραντίνου κατὰ τῶν πρεσβευτῶν ἐκ τῆς Ῥώμης τετολμημένη. Πύῤῥον δὲ ἐπεκαλέσαντο σύμμαχον Ταραντῖνοι, γένος μὲν τῶν ἀπ' Ἀχιλλέως, βασιλεύοντα δὲ τῶν Ἠπειρωτῶν. Καταλαμβάνει τοίνυν τὴν Ἰταλίαν ὁ Πύῤῥος · καὶ τοῦτον πρῶτον πόλεμον ἐπολέμησαν Ῥωμαῖοι πρὸς στρατιὰν ἐξ ὑπερορίων ἥκουσαν.

Ἐπὶ τούτῳ ὕπατος ἐχειροτονήθη Πόπλιος Οὐαλέριος Λευῖνος. Οὗτος Πύῤῥου κατασκόπους ἑλὼν, προςέταξεν ἅπαν αὐτοῖς ἐπιδειχθῆναι τὸ στρατόπεδον· εἶτα ἀφεθῆναι, καὶ τῷ Πύῤῥῳ γενέσθαι μηνυτὰς ὧν ἐθεάσαντο.

Μετὰ ταῦτα γίνεται μάχη, καὶ τραπέντος τοῦ Πύῤῥου, μεταβολὴν ἔσχον διὰ τοὺς ἐλέφαντας αἱ τοῦ πολέμου τύχαι[1]. Ἀγνῶτες γὰρ ὄντες τούτων οἱ Ῥωμαῖοι τῶν θηρίων, φοβηθέντες ἔσχον ἔλαττον. Κακῶς δὴ τῶν Ῥωμαϊκῶν ἐκ τούτου διακειμένων, ἡ νὺξ ἔδωκε τῇ συμπλοκῇ τέλος· ᾗ χρησάμενος ὁ Λευῖνος ὑπεχώρησε.

Κατὰ δὴ ταύτην τὴν μάχην χιλίους ὀκτακοσίους ὁ Πύῤῥος αἰχμαλώτους εἷλε, καὶ τῶν μεγίστων αὐτοὺς ἠξίωσε τιμῶν· τοὺς δὲ πεσόντας ἐξ αὐτῶν τῶν Ῥωμαίων ταφῇ παρέδωκεν. Ἰδὼν δὲ αὐτοὺς καὶ ἐν νεκροῖς τοῖς σώμασιν φοβεροὺς, πάντων τε τὰς πληγὰς ἐμπροσθίους, τὰς χεῖρας εἰς τὸν οὐρανὸν ἀνασχὼν, ἔφη « πάσης ἂν κρατῆσαι τῆς γῆς, εἰ τοιούτοις αὐτῷ χρῆσθαι στρατιώταις ἐξεγένετο. »

XXVII.

Ὅτι ὁ Πύῤῥος, τὸν Φαβρίκιον θαυμάσας, πρέσβεις περὶ τῶν σπονδῶν εἰς τὴν Ῥώμην ἀποπέμπει.

Μετὰ ταῦτα συνάπτουσιν ἑαυτοὺς τῷ Πύῤῥῳ Σαμνῖται καὶ Λουκανοὶ, καὶ Βρούττιοι· καὶ γίνεται δρόμος ἁπάντων ἐπὶ τὴν Ῥώμην· πᾶν τε τὸ προστυχὸν ἢ πυρὸς ἦν ἔργον, ἢ σιδήρου, καὶ τὴν μὲν Καμπανίαν ἔτεμον· ἧκον δὲ ἐπὶ τὴν Πραίνεστον, τῆς πόλεως ὀκτωκαιδεκάτῳ σημείῳ ἀφεστῶσαν. Φοβηθεὶς δὲ ὁ Πύῤῥος τὸν ὕπατον καὶ τὴν σὺν αὐτῷ στρατιὰν ὄπισθεν αὐτῷ κατακολουθήσασαν, εἰς τὴν Καμπανίαν ὑπεχώρησεν.

1. Havercamp : ἔσχον..... ἡ τύχη. On peut aussi lire ἔσχε.

Καὶ παραγίνονται πρὸς αὐτὸν πρέσβεις Ῥωμαίων, ἐξωνήσασθαι βουλόμενοι τοὺς αἰχμαλώτους. Τούτους διὰ πάσης αἰδοῦς καὶ τιμῆς ἐποιήσαντο, εἶχέ τε ὡς ἕνι μάλιστα φιλοφρόνως, τὰ λύτρα τε ἀπωσάμενος, προῖκα τοὺς αἰχμαλώτους ἀπέπεμψεν. Ἕνα δὲ ἐκ τῶν πρεσβέων Φαβρίκιον οὕτως ἠγάσθη καὶ ἐθαύμασεν, ὥστε, ἐπειδὴ πενίᾳ συζῆν αὐτὸν ἔγνω, τοὺς θησαυροὺς ἐπιδείξας, τὸ τέταρτον αὐτῷ προὔθηκεν αὐτῶν τε καὶ τῆς ἀρχῆς, εἰ τὴν πρὸς αὐτὸν ἕλοιτο συνουσίαν, καὶ κατὰ τῶν πολιτῶν αὐτῷ προστεθείη. Καταφρονηθείσης δὲ τῆς ὑποσχέσεως, ηὐξήθη τῷ Πύῤῥῳ τὸ περὶ τὴν Ῥώμην τε καὶ τοὺς ἐξ αὐτῆς θαῦμα· καὶ πρέσβεις ὁ νενικηκὼς πέμπει, παρὰ τῶν ἡττημένων σπονδὰς ἐπαγγέλλειν ἴσας ἑκατέροις· τῆς δὲ πρεσβείας ἐξῆρχεν ἀνὴρ ἐπιφανὴς Κινέας. Τῶν σπονδῶν δὲ μέρος ἦν καὶ τόδε· τῆς Ἰταλίας ὅσον ἤδη ἐδέδεκτο τὸν Πύῤῥον ἢ πολιορκηθὲν, ἢ ἑκούσιον, τῆς αὐτοῦ δεσποτείας εἶναι.

Ταύτην οὐκ ἐδέξαντο τὴν συνθήκην οἱ Ῥωμαῖοι, ἀπεκρίναντο δὲ τοῖς πρέσβεσι σπονδὰς οὐδαμῶς ἔσεσθαι Πύῤῥῳ τε καὶ αὐτοῖς, εἰ μὴ πάσης τῆς Ἰταλίας ἐκχωρήσειε· μέγα τε μηδὲν ἡγεῖσθαι σφᾶς παρεσχηκέναι Πύῤῥον τὸ κατὰ τοὺς αἰχμαλώτους· τούτου δὲ εἶναι σημεῖον τὸ τοὺς ἀφεθέντας ἀτίμους εἶναι παρ' αὐτοῖς, ὡς ἀναξίους τῆς Ῥωμαϊκῆς πολιτείας, δι' ἄλλο μὲν οὐδὲν, ὅτι δὲ πολεμοῦντες ληφθεῖεν· λύσιν τε αὐτοῖς οὐκ ἔσεσθαι τοῦ κακοῦ, πρὶν ἂν δυῶν πεφονευμένων ἀνδρῶν[1] ἐκ τοῦ στρατεύματος τῶν πολεμίων λάφυρα κομίσοιεν.

Οὕτω μὲν οὖν ἐπανῆλθεν ἄπρακτος ἡ πρεσβεία· πυνθανομένῳ δὲ τῷ Πύῤῥῳ παρὰ τῶν πρεσβέων οἵαν εὕροιεν τὴν πόλιν, φασὶ τὸν Κινέαν εἰπεῖν, πατρίδα βασιλέων ἑωρακέναι· τοῦτο δηλοῦντα, ὡς οἱ τῆς πόλεως ἔνοικοι πάντες τοιοῦτοι τυγχάνουσιν, οἷος αὐτὸς ὁ Πύῤῥος κατὰ τὴν Ἤπειρον καὶ τὴν Ἑλλάδα πᾶσαν ὑπείληπται.

1. Pæanius : τῶν διεγνωσμένων ἀνδρῶν.

XXVIII.

Τὰ περὶ Πύῤῥου καὶ Φαβρικίου ἑπόμενα.

Ἐντεῦθεν ἐκστρατεύουσι πάλιν ἐπὶ τὸν Πύῤῥον ὑφ' ἡγεμόσιν ὑπάτοις Ποπλίῳ Σουλπικίῳ καὶ Δεκίῳ Μυΐ. Καὶ γενομένης μάχης, τιτρώσκεται Πύῤῥος, καὶ τῶν ἐλεφάντων ἀναιρεῖται τὸ πλεῖστον· πίπτουσί τε τῶν μετὰ Πύῤῥου χιλιάδες εἴκοσι, Ῥωμαίων δὲ πεντακισχίλιοι μόνοι. Φεύγει τοίνυν ὁ Πύῤῥος ἐπὶ τὴν Τάραντα.

Καὶ διελθόντος ἐνιαυτοῦ μετὰ ταύτην τὴν μάχην, Φαβρίκιος αὖθις ἐπιπέμπεται τῷ Πύῤῥῳ μετὰ στρατιᾶς, ᾧ τὸ τέταρτον τῆς βασιλείας ἦν ὑπεσχημένος. Στρατοπεδευσάμενοι δὲ ἐκ τοῦ πλησίον αὐτός τε καὶ ὁ Πύῤῥος, ἀνέμενον τὴν μάχην· μιᾷ δὲ τῶν νυκτῶν ἰατρός τις τῷ Πύῤῥῳ συνὼν, προςφεύγει τῷ Φαβρικίῳ, ὑπισχνούμενος φαρμάκῳ τὸν Πύῤῥον ἀναιρήσειν, εἴ τις αὐτῷ τοῦ ἔργου τούτου καρπὸς γένοιτο. Τοῦτον ὁ Φαβρίκιος δέσμιον ἐκπέμπει τῷ Πύῤῥῳ, σημάνας ὡς οὐκ ἔστι Ῥωμαίων δόλῳ τοὺς ἐχθροὺς, ἀλλ' ὅπλοις ἀναιρεῖν. Τότε τὸν Φαβρίκιον ὑπεραγασθεὶς ὁ Πύῤῥος, « Οὗτός ἐστιν, ἔφη, ὃν οὐκ ἔστιν ἀφελκυσθῆναι τοῦ πρέποντος, ὥςπερ οὐδὲ τὸν ἥλιον τῆς αὐτοῦ φορᾶς. » Καὶ ταῦτα εἰπὼν, ἐπὶ τὴν Σικελίαν ἀπεχώρησε. Φαβρίκιος δὲ, Λουκάνους τε καὶ Σαμνίτας ἑλὼν, ὑπὲρ τῆς νίκης ἐθριάμβευσε.

Δέχονται δὲ τὴν ὑπατείαν Μάρκος Κούριος Δεντάτος, καὶ Κορνήλιος Λέντουλος. Εὐθὺς δὲ ἐπὶ τὸν Πύῤῥον ἐκστρατεύουσιν. Ὁ τοίνυν Κούριος συνῆψε πρὸς αὐτὸν μάχην, καὶ τὸ μὲν στράτευμα σχεδὸν ἅπαν ἀπώλεσε τοῦ Πύῤῥου, καὶ αὐτόν τε ἡ Τάρας ὑπεδέξατο φεύγοντα, καὶ ὁ Κούριος γίνεται τῆς παρεμβολῆς τῶν πολεμίων ἐγκρατής· ὁ δὲ τῶν πεσόντων πολεμίων ἀριθμὸς εἴκοσι τρεῖς ἦσαν χιλιάδες. Οὗτος ὁ πόλεμος ἔδωκε τῷ Κουρίῳ θρίαμβον ὑπατεύοντι. Ἐπισημότατός τε οὗτος ἐγένετο τῶν πώποτε, τεσσάρων ἐλεφάντων τότε πρῶτον ἐν τῇ Ῥώμῃ φανέντων, τούτων οὕτω πραχθέντων, καὶ τὴν Τάραντα ἀπολιπὼν ὁ Πύῤῥος ἐπὶ τὸ Ἄργος ἐχώρησεν· ἔνθα τὸ τέλος τοῦ βίου ἐδέξατο, πεσὼν ἐν πολέμῳ.

XXIX.

Ὅτι τὰ λοιπὰ τῆς Ἰταλίας ἔθνη ὑπὸ τῶν Ῥωμαίων κατεπολεμήθησαν. (An 481-488 de R. = 272-266 av. J. C.)

Ἐντεῦθεν Γάϊος Φάβιος Λικῖνος, καὶ Γάϊος Κλαύδιος Κανίνας ὕπατοι χειροτονοῦνται, τετρακοσιοστῷ καὶ ἑξηκοστῷ καὶ πρώτῳ τῆς Ῥώμης ἔτει. Κατὰ τοῦτον τὸν ἐνιαυτὸν πρέσβεις ἀπὸ τῆς Ἀλεξανδρείας, πεμφθέντες πρὸς τοῦ βασιλέως Πτολεμαίου, κατέλαβον τὴν Ῥώμην, αἰτούμενοι παρ' αὐτῶν[1] εἰρήνην τε καὶ φιλίαν, ἅπερ παρητήσαντο[2].

Ἐκδεξαμένων δὲ τὴν ὑπατείαν Κοΐντου Ὀγουλνίου[3] καὶ Γαΐου Φαβίου Πίκτωρος, Πικένται πόλεμον ἐκίνησαν. Χρόνου δὲ διελθόντος οὐ πολλοῦ, παρὰ τῶν ἑξῆς ὑπάτων Ποπλίου Σεμπρωνίου, καὶ Ἀππίου Κλαυδίου κατεπολεμήθησαν, ὡς καὶ θριάμβῳ γενέσθαι χώραν[4].

Τότε δὴ καὶ πόλεις παρὰ Ῥωμαίων[5] ᾠκοδομήθησαν, Ἀρίμινός τε ἐν Γάλλοις, καὶ Βενεβεντὸς ἐν Σαμνίῳ.

Μάρκου δὲ Ἀτιλίου Ῥηγούλου καὶ Λουκίου Ἰουνίου Λίβωνος ἐλθόντων ἐπὶ τὴν ἀρχὴν, κατὰ Σαλλεντίνων ἐδογματίσθη πόλεμος. Ἡττήθησαν δὲ, καὶ τῆς πόλεως ἐξέπεσαν[6] τῆς ἑαυτῶν· καὶ μετὰ τούτων Βρουνδισηνοί. Καθ' ὧν ἁπάντων οἱ νικήσαντες ἐθριάμβευσαν.

1. Sur le pronom se rapportant ainsi au nom des habitants contenu implicitement dans le nom du lieu, Tib. Hemsterh. *ad Lucian.* Nigrin, c. I, t. I, p. 227, edit. Bip.
2. Ces mots paraissent avoir été omis dans la version de Pæanius.
3. Le texte du trad. grec porte Κύντου Κυλληνίου, qui résulte sans doute d'une leçon différente; car ce dernier nom a été singulièrement altéré.
4. Cette tournure de Pæanius semble rappeler un peu trop le latinisme *locum fuisse triumpho*.
5. Le texte d'Havercamp donne παρὰ Ῥωμαίοις.
6. Ἐξέπεσον serait plus usité. J'ai conservé ἐξέπεσαν d'après Buttm. *Verbal-Verzeichnis*. § 217, p. 114, not. 2.

XXX.

Ὅτι τὰ πρῶτα Ῥωμαῖοι ὑπερόριον πόλεμον κινοῦσιν. (An 490-494 de R. = 264-260 av. J. C.)

Τετρακοσιοστῷ δὲ καὶ ἑβδομηκοστῷ τῆς πόλεως ἔτει ἦν μὲν ἤδη παρὰ πᾶσι λαμπρὸν τὸ τῆς Ῥώμης ὄνομα· οὔπω δὲ τῆς Ἰταλίας ἐκτὸς αὐτοῖς συνεκεκρότητο πόλεμος. Τότε τοίνυν βουληθέντες τὸ τῶν πολιτῶν γνῶναι πλῆθος, ἀπογραφὴν ἐποιήσαντο, καὶ συνηριθμήθησαν ἀνδρῶν ἐννέα καὶ εἴκοσι μυριάδες, καὶ δισχίλιοι διακόσιοι τριάκοντα τέσσαρες· καίτοι παρὰ πάντα τὸν ἔμπροσθεν χρόνον οὐδὲ μιᾶς γενομένης ἀνακωχῆς πολέμου. Ἐν ταύτῃ τῇ δυνάμει τῆς πόλεως, πρὸς Ἀφροὺς αὐτοῖς ὁ πρότερος κινεῖται πόλεμος, Ἀππίου Κλαυδίου καὶ Κοΐντου Φαβίου τὴν ὕπατον ἐχόντων ἀρχήν. Γίνεται τοίνυν ἐν τῇ Σικελίᾳ συμπλοκή· καὶ νικήσας ὁ Κλαύδιος Ἀφρούς τε καὶ τὸν βασιλέα Σικελίας Ἱέρωνα, καθ' ἑκατέρων ἐθριάμβευσε.

Τῷ δὲ ἑξῆς ἐνιαυτῷ Οὐαλέριος Μάρκος, καὶ Ὠτακίλιος Κράσσος ὕπατοι μεγάλα κατὰ τὴν Σικελίαν εἰργάσαντο. Ταυρομένιον γὰρ καὶ Κατάνην, καὶ πεντήκοντα πρὸς ταύταις ἑτέρας πόλεις, τῇ Ῥωμαϊκῇ συνῆψαν ἀρχῇ. Τρίτῳ δὲ ἔτει τοῦ πρὸς Ἀφροὺς πολέμου, παρασκευῆς ἐπὶ τὸν βασιλέα γενομένης Ἱέρωνα, φθάνει τὴν μάχην Ἱέρων, καὶ μετὰ τῆς συγκλήτου τῆς Συρακουσίων, αἰτεῖ παρὰ τῶν Ῥωμαίων εἰρήνην ἐπὶ διακοσίοις ἀργυρίου ταλάντοις [1], καὶ λαμβάνει. Τρέπεται τοίνυν ἡ παρασκευὴ ἐπὶ τοὺς Ἀφρούς, καὶ ἡττῶνται· καὶ θριαμβεύει κατ' αὐτῶν ὁ νενικηκώς.

Ἔτει δὲ πέμπτῳ τοῦ προτέρου πρὸς Ἀφροὺς πολέμου, Γαΐου Δουελλίου καὶ Γνέου Κορνηλίου Ἀσινοῦ καθεστηκότων ὑπάτων, ἐναυμάχησαν Ῥωμαῖοι τότε πρῶτον ἐν θαλάττῃ πολεμοῦντες· ναυσί τε ἐχρῶντο μακραῖς, ἃς αὐτοὶ μὲν ἐκάλουν ῥωστράτας ἀπὸ τοῦ τὰς πρώ-

1. 1,080,000 fr. en comptant le talent à 5,400 fr. avec l'abbé Barthélemy, et 1,100,000 en évaluant le talent à 5,500 fr. avec Letronne.

ρας αὐτῶν ὀρνέων τινῶν μιμεῖσθαι ῥάμφη· Λιβύρνας δὲ ἡ συνήθεια προσαγορεύει. Κατὰ ταύτην δὴ τὴν ναυμαχίαν ἐξ ἀπάτης ὑπὸ τοῖς πολεμίοις ἐγένετο Κορνήλιος· κρατῶν γὰρ τοῖς ὅπλοις δόλῳ τῶν Ἀφρῶν, ὡσανεὶ σπονδὰς αἰτούντων, τῆς αὐτῶν ἐπιβὰς τριήρους, συνελήφθη τε καὶ δεθεὶς ἀπήχθη[1]. Δουέλλιος δὲ, ἐπεξελθὼν τῇ μάχῃ, νικᾷ τὸν στρατηγὸν τῶν πολεμίων, μίαν τε καὶ τριάκοντα ναῦς αἱρεῖ, δέκα καὶ τέσσαρας ἑτέρας καταποντίσας· ἑπτὰ δὲ χιλιάδας αἰχμαλώτων ὑφ' ἑαυτὸν κατεστήσατο, τρεῖς δὲ διέφθειρε χιλιάδας. Ταύτης τῆς νίκης ἄλλην οὐχ ἡγήσαντο[2] λαμπροτέραν οὐδ' αὖ χαριεστέραν· ἐπειδήπερ ὡμολογημένου τοῦ κατὰ γῆν κράτους, κρείττους καὶ κατὰ θάλατταν ὤφθησαν.

XXXI.

Ὅτι Ῥωμαίοις ἐπὶ τὴν Ἀφρικὴν ὁ πόλεμος μεταφέρεται.
(An 498, 499 de R. = 256, 255 av. J. C.)

Λουκίου δὲ Μανλίου Βούλσωνος, καὶ Μάρκου Ἀτιλίου Ῥηγούλου τὴν ἀρχὴν ὑποδεξαμένων, ἐκ τῆς Ἰταλίας καὶ Σικελίας ἐπὶ τὴν Ἀφρικὴν ὁ πόλεμος μετηνέχθη, καὶ γίνεται ναυμαχία καρτερὰ πρὸς Ἀμιλκάρην, τὸν τῶν πολεμίων στρατηγόν· καθ' ἣν τέσσαρας καὶ ἑξήκοντα ναῦς οἱ Ῥωμαῖοι καταποντίσαντες, τὸν μὲν στρατηγὸν ἔτρεψαν εἰς φυγὴν, ἀπέβαλον δὲ καὶ αὐτοὶ δύο καὶ εἴκοσι ναῦς. Ἀποβάντες δὲ εἰς τὴν πολεμίαν γῆν, εὐθὺς μὲν Κλυπέαν εἷλον, ἐπιφανῆ τῶν Ἀφρῶν πόλιν· δρόμος δὲ ἦν αὐτοῖς ἐπὶ τὴν Καρχηδόνα· πᾶν δὲ ὃ διῆλθον ἐκπορθήσαντες, ἐχωρίσθησαν· καὶ Μάνλιος εἰς τὴν Ῥώμην ἐπανῆκε μετὰ λαμπρᾶς νίκης, ἑπτὰ καὶ εἴκοσι χιλιάδας αἰχμαλώτων ἄγων.

Ῥηγοῦλος δὲ προσμείνας ἔτι τοῖς πράγμασιν, ἐπανέλαβεν ἐπ' αὐτῆς τῆς Ἀφρικῆς τὴν μάχην, τρισὶ τῶν πολεμίων στρατηγοῖς ἀντιπαραταξάμενος. Περιγενόμενος δὲ τοῦ πολέμου, ὀκτὼ καὶ δέκα χιλιάδας

1. Cette circonstance, qui ne se trouve pas dans Eutrope, résulte sans doute du texte de cet historien que le traducteur grec avait sous les yeux.
2. Ἠδήσαντο, Havercamp, mot corrompu.

ἀνελών, καὶ πέντε ζώντων ἑλών, ἐλέφαντάς τε ὀκτὼ καὶ δέκα ληϊσάμενος, ἑϐδομήκοντα καὶ τέσσαρας πόλεις ὑποσπόνδους τῇ Ῥώμῃ συνῆψε, τάξας αὐταῖς, οὓς ἐϐουλήθη, φόρους. Ἐνταῦθα λοιπὸν οἱ Ἀφροὶ, κεκμηκότων αὐτοῖς τῶν πραγμάτων, εἰρήνην αἰτοῦσιν· οὐ δεξαμένου δὲ τὴν ἱκετείαν Ῥηγούλου, συνθήκας δὲ ἀπαιτοῦντος τῶν σπονδῶν ἀπηνεῖς τε καὶ τραχείας, Λακεδαιμονίους ἐπεκαλέσαντο πρὸς συμμαχίαν· καὶ πέμπεται αὐτοῖς στράτευμα Λακωνικὸν ὑφ' ἡγεμόνι Ξανθίππῳ. Συγκροτηθέντος οὖν πολέμου, μεταπίπτει τῷ Ῥηγούλῳ τὰ τῆς τύχης. Ἡττᾶται γὰρ ἧτταν οὕτω μεγάλην, ὥςτε πάσης μὲν τῆς στρατιᾶς δισχιλίους διαφυγεῖν μόνους, αὐτὸν δὲ μετὰ πεντακοσίων ὑπὸ τοῖς πολεμίοις γενόμενον δεθῆναι, τρεῖς δὲ μυριάδας ἀνδρῶν μαχιμωτάτων πεσεῖν.

XXXII.

Ὅτι καταπολεμηθέντων αὖθις τῶν Ἀφρῶν, νικηφόρος ὁ τῶν Ῥωμαίων στόλος ναυαγεῖ. (**An 499-501 de R. = 255-253 av. J. C.**)

Ἀλλ' οἱ μετὰ τούτους ὕπατοι, Μάρκος Αἰμίλιος Παῦλος, καὶ Σέρϐιος Φούλϐιος Νωϐιλίωρ, τὴν μὲν κατὰ τὸν πόλεμον δυςπραγίαν ἐπηνώρθωσαν, οὐδὲ αὐτοὶ δὲ συμφορᾶς ἔξω κατέστησαν. Τριακοσίαις γὰρ ναυσὶ συμμίξαντες τοῖς Ἀφροῖς, ὑπερέσχον ὥςτε τέσσαρας μὲν καὶ ἑκατὸν ναῦς καταποντίσαι, τριάκοντα δὲ μετὰ τῶν ἐν αὐταῖς μαχομένων ἑλεῖν, ἀνδρῶν δὲ δεκαπέντε χιλιάδας τὰς μὲν ἀνελεῖν, τὰς δὲ αἰχμαλώτους ἀπάγειν, τὸ δὲ στράτευμα τὸ οἰκεῖον πᾶσι χρήμασι τοῖς ἐκ τῆς λείας πλουσιώτατον ἀποφῆναι. Οὐδὲν δ' ἂν ἐκώλυσε δουλοῦσθαι τότε τοὺς Ἀφροὺς, εἰ μὴ λιμὸς ἐπελθὼν προαπήγαγε τὴν στρατιὰν τοῦ τέλους.

Ἐν οὕτω λαμπροῖς τοῖς κατὰ τὴν μάχην, καὶ μετὰ τοσούτων λαφύρων ἐπανιόντα τὸν στόλον σχεδὸν ἅπαντα θαλάσσιος κλύδων κατειργάσατο, καὶ τοσοῦτον ἐγένετο ναυάγιον, ὥςτε ἐκ τετρακοσίων καὶ ἑξήκοντα καὶ τεσσάρων νεῶν ὀγδοήκοντα μόνας ἀθλίως διασωθῆναι· οὐδείς τε χρόνος τοσοῦτον χειμῶνα μνήμῃ παραδέδωκεν ἀνθρώπων. Οὐ μὴν τοῦτο παρέλυσε τὸ φρόνημα τὸ Ῥωμαϊκὸν, οὐδὲ ἀφεῖλέ τι τῆς ἀκμῆς· παραχρῆμά τε διακοσίας παρεσκευάσαντο ναῦς.

XXXIII.

Ὅτι πάλιν Ἄφροι Ῥωμαίοις ἥττηνται. (An 503 de R. = 251 av. J. C.)

Οἱ οὖν ἑξῆς ὕπατοι, Γνέος Σερβίλιος Κηπίων, καὶ Γάϊος Σεμπρώνιος Βλαῖσος, ἑξήκοντα καὶ διακοσίαις ναυσὶν ἐπὶ τὴν Ἀφρικὴν ἐξέπλευσαν, καί τινας μὲν τῶν πόλεων εἷλον· λαφύρων δὲ ἐμπλήσαντες τὰς ναῦς ἀπῄεσαν. Ἀλλὰ καὶ τούτοις χειμὼν διέφθειρε τὴν εὐπραγίαν, ναυαγίῳ περὶ τὸ πλεῖστον τοῦ στόλου χρησαμένοις. Αὗται τοίνυν αἱ συμφοραὶ, ἀλλήλαις ἐφάμιλλοί τε καὶ συνημμέναι, τὴν περὶ τὸ ναυμαχεῖν προθυμίαν ἐξέβαλον τῶν Ῥωμαίων· δόγμα τε ἡ σύγκλητος ἐποιήσατο, μηκέτι ταῖς κατὰ θάλατταν χρῆσθαι μάχαις, μηδὲ ναῦς ἔχειν πλὴν ἑξήκοντα, φυλακῆς ἕνεκα τῶν Ἰταλῶν ὁρίων πρὸς τὰς ἔξωθεν ἐκ θαλάττης ἐφόδους.

Λουκίου δὲ Καικιλίου Μετέλλου καὶ Γαΐου Φουρίου Πακίλλου πρὸς τὴν ὑπατείαν κληθέντων, γίνεται μάχη περὶ τὴν Σικελίαν πρὸς Ἄφρους, ἑνὸς τῶν ὑπάτων Μετέλλου στρατηγοῦντος· ἐν ταύτῃ νικᾶται τῶν Ἄφρων ὁ στρατηγὸς, τριάκοντα μὲν καὶ ἑκατὸν ἐλέφαντας ὁπλίτας ἄγων, στρατιὰν δὲ πασῶν τῶν ἔμπροσθεν μεγίστην· καὶ πίπτουσι μὲν εἴκοσι χιλιάδες ἀνδρῶν, ἐλέφαντες δὲ ἐζωγρήθησαν παρ' αὐτὸν μὲν τὸν πόλεμον ἓξ καὶ εἴκοσι, τοὺς λοιποὺς δὲ οἱ συμμαχοῦντες αὐτῷ Νουμίδαι πλανωμένους συνέλαβόν τε καὶ παρεστήσαντο τῷ ὑπάτῳ. Μετὰ θαυμαστῆς οὖν πομπείας εἰς τὴν Ῥώμην εἰσῆλθε, τῶν ἐλεφάντων μεγέθει τε καὶ πλήθει τὰς ὁδοὺς πληρούντων.

XXXIV.

Περὶ τῆς Ῥηγούλου μεγαλοψυχίας. (An 503 de R. = 251 av. J. C.)

Οὗτος ὁ πόλεμος ἠνάγκασε τοὺς Ἀφροὺς καταφυγεῖν ἐπὶ τὸν Ῥηγοῦλον, ὃν ἐν δεσμοῖς εἶχον, παρεκάλουν τε αὐτὸν συμπρεσβεῦσαι τοῖς ὑπ' αὐτῶν πρὸς Ῥωμαίους ἐκπεμπομένοις, ὥςτε αὐτοῖς γενέσθαι σπονδὰς, καὶ τοὺς ἑκατέρων αἰχμαλώτους ἀντιδοθῆναι τοῖς οἰκείοις. Τὸ μὲν οὖν πρῶτον ἀντιβολοῦντας αὐτοὺς ὁ Ῥηγοῦλος, καίτοι δέσμιος ὢν, ἀπεωθεῖτο· νικηθεὶς δὲ τῇ προςεδρείᾳ, παραγίνεται μὲν εἰς τὴν Ῥώμην· δοθέντος δὲ αὐτῷ λόγου, οὐδὲν ἠνέσχετο κατὰ Ῥωμαῖον ὑπατικὸν ἄνδρα πρᾶξαι, φάσκων, « ἀφ' ἧς ἡμέρας ὑπὸ τοῖς πολεμίοις ἐγένετο, τῆς Ῥωμαϊκῆς ἐκπεπτωκέναι πολιτείας. »

Οὔτε οὖν τὴν γαμετὴν ἐδέξατο περιπλοκὰς ζητήσασαν· καὶ σύμβουλος γίνεται Ῥωμαίοις, μὴ προςέσθαι τοὺς Ἀφροὺς ἐπαγγέλλοντας εἰρήνην. « Περικεκόφθαι γὰρ αὐτοῖς δυνάμεις, καὶ μήτε αὐτὸν, ἕνα τε καὶ γεγηρακότα, μήτε τοὺς συννειλημμένους αὐτῷ, ἀξιόχρεως ὑπειλῆφθαι χρῆναι πρὸς τοσούτων αἰχμαλώτων, τῶν ἐξ Ἀφρικῆς κατεχομένων, ἀντίδοσιν. »

Ταῦτα συμβουλεύσας ἐκράτησε, οὐδενὸς τὴν τῶν Ἀφρῶν ἱκετείαν δεξαμένου. Τῶν δὲ πρεσβευτῶν ἀπράκτων ἀποπεμφθέντων, συναπῆλθε καὶ ὁ Ῥηγοῦλος· καὶ βουλομένων αὐτὸν τῶν πολιτῶν κατέχειν, οὐκ εἶξεν, ὡς οὐ δυνάμενος πρέπον ἀξίωμα πολίτῃ Ῥωμαίῳ ἔχειν, μετὰ τὴν παρὰ τοῖς Ἀφροῖς δουλείαν. Ἐπανελθὼν οὖν πρὸς τὴν Ἀφρικὴν, πολυτρόποις ἐξεδόθη κολάσεσι, καὶ παρ' αὐταῖς τὸν βίον ἐτελεύτησεν.

ΤΕΛΟΣ.

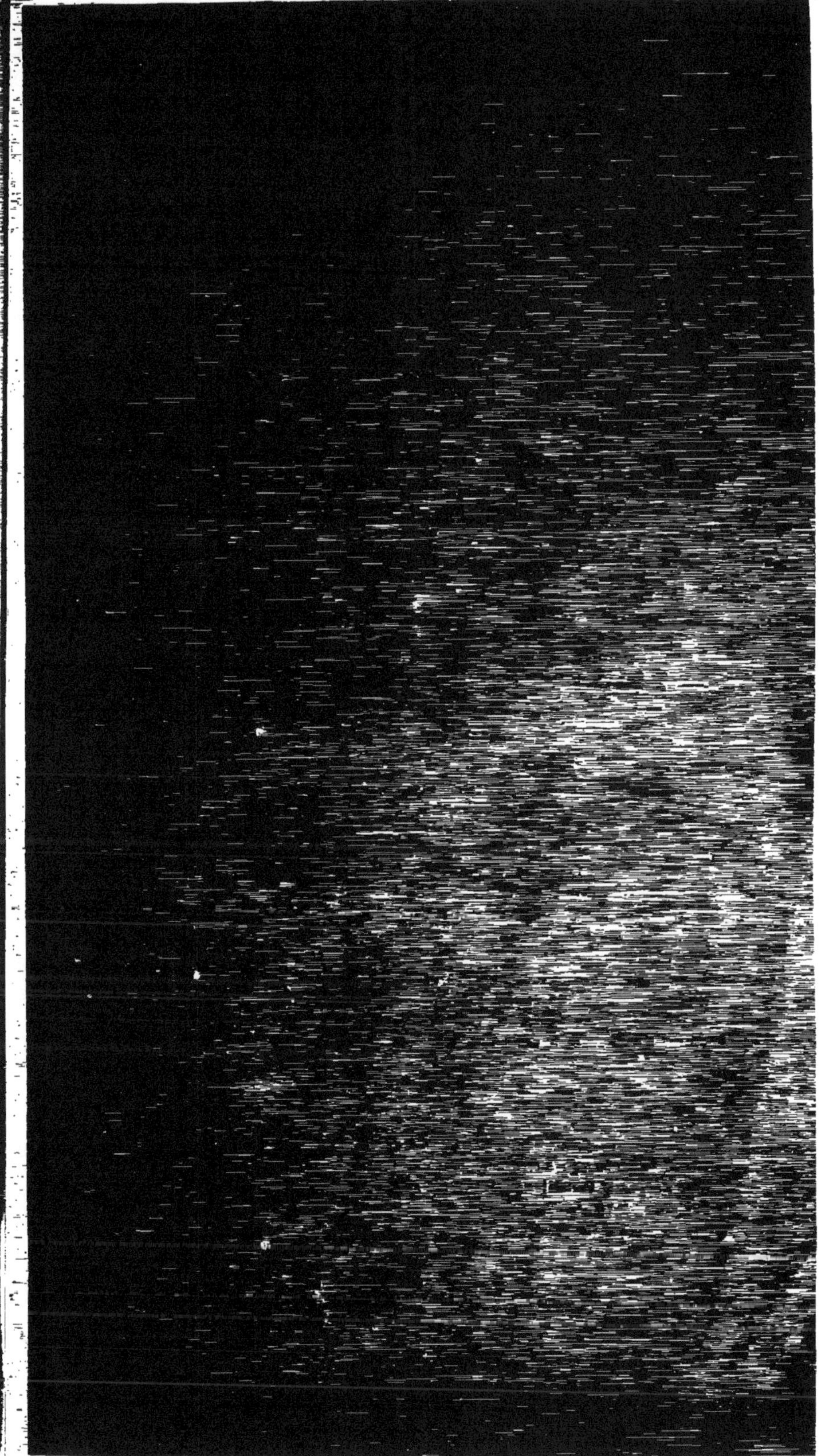

ON TROUVE A LA MÊME LIBRAIRIE :

Premiers Principes de la Grammaire grecque, à l'usage des classes élémentaires, extraits de la Méthode pour étudier la Langue grecque par *J. L. Burnouf ;* 1 vol. in-8°.

Questionnaire sur l'Abrégé de la Grammaire grecque de J. L. Burnouf, par *A. M. ;* in-8°.

Exercices élémentaires sur l'Abrégé de la Grammaire grecque de J. L. Burnouf, Petit Cours de Thèmes et de Versions, adapté à chaque règle de la Grammaire et accompagné de vocabulaires spéciaux, par *M. Lemeignan*, professeur agrégé au lycée Louis-le-Grand ; in-8°.

Méthode pour étudier la Langue grecque, par *J. L. Burnouf ;* ouvrage adopté et prescrit par le Conseil de l'Instruction publique ; 1 vol. in-8°.

Questionnaire sur la Grammaire grecque de J. L. Burnouf, par *A. V. ;* in-8°.

Cours complet et gradué de Thèmes grecs, adapté à la Grammaire grecque de J. L. Burnouf, par *M. E. P. M. Longueville ;* ouvrage autorisé par le Conseil de l'Instruction publique ; in-8°.

Première Partie, contenant des Thèmes gradués sur les déclinaisons et les conjugaisons, suivis d'Exercices généraux de traduction et d'un Lexique français-grec : neuvième édition ; 1 vol. in-8°.

Deuxième Partie, contenant des Thèmes sur la syntaxe générale, suivis d'Exercices généraux de traduction et d'un Lexique français-grec : cinquième édition ; 1 vol. in-8°.

Troisième Partie, contenant des Thèmes sur la syntaxe particulière et les dialectes, suivis d'Exercices généraux de traduction et d'un Lexique français-grec ; 1 vol. in-8°.

Cours complet et gradué de Versions grecques, adapté à la Grammaire grecque de J. L. Burnouf, par *M. A. Bedel ;* ouvrage autorisé par le Conseil de l'Instruction publique ; in-8°.

Première et Deuxième Parties, contenant des Versions graduées sur les déclinaisons et les conjugaisons, et la syntaxe générale, avec Lexique grec-français : quatrième édition ; 1 vol. in-8°.

Troisième Partie, contenant le complément des Versions sur la syntaxe générale et particulière, avec Lexique grec-français ; 1 vol. in-8°.

Premiers Principes de la Grammaire latine, à l'usage des classes élémentaires, extraits de la Méthode pour étudier la Langue latine par *J. L. Burnouf ;* ouvrage adopté par le Conseil de l'Instruction publique ; 1 vol. in-8°.

Questionnaire sur l'Abrégé de la Grammaire latine de J. L. Burnouf, par *J. G. ;* in-8°.

Exercices élémentaires sur l'Abrégé de la Grammaire latine de J. L. Burnouf ; Petit Cours de Thèmes et de Versions, adapté à chaque règle de la Grammaire et accompagné de vocabulaires spéciaux, par *M. E. L. Frémont*, ancien chef d'institution à Paris : cinquième édition ; 1 vol. in-8°.

Méthode pour étudier la Langue latine, par *J. L. Burnouf ;* ouvrage adopté et prescrit par le Conseil de l'Instruction publique ; 1 vol. in-8°.

Questionnaire sur la Grammaire latine de J. L. Burnouf, par *J. G. ;* in-8°.

Cours complet et gradué de Thèmes latins, adapté à la Grammaire latine de J. L. Burnouf, par *M. Geoffroy*, ancien professeur agrégé de l'Université ; in-8°.

Première Partie, contenant des Thèmes gradués sur les déclinaisons, les conjugaisons, les prépositions, le supplément et la syntaxe générale : troisième édition ; 1 vol. in-8°.

Deuxième Partie, contenant des Thèmes gradués sur la syntaxe particulière et les gallicismes : deuxième édition ; 1 vol. in-8°.

Cours complet et gradué de Versions latines, adapté à la Grammaire latine de J. L. Burnouf, par *M. Vérien*, professeur au lycée Napoléon ; in-8°.

Première et Deuxième Parties, contenant une série graduée de Versions extraites d'auteurs de bonne latinité : deuxième édition ; 1 vol. in-8°.

www.ingramcontent.com/pod-product-compliance
Ingram Content Group UK Ltd.
Pitfield, Milton Keynes, MK11 3LW, UK
UKHW020306220726
13923UKWH00003B/1017